INGO FEUSTEL

Die Kompetenz-Kompetenz zum Abschluß
völkerrechtlicher Verträge in der italienischen Lehre

Schriften zum Völkerrecht

Band 54

Die Kompetenz-Kompetenz zum Abschluß völkerrechtlicher Verträge in der italienischen Lehre

Eine rechtsdogmatische Untersuchung
Zugleich ein Beitrag zur Kritik der deutschen Lehre

Von

Dr. Ingo Feustel

DUNCKER & HUMBLOT / BERLIN

CIP-Kurztitelaufnahme der Deutschen Bibliothek

Feustel, Ingo
Die Kompetenz-Kompetenz zum Abschluß völkerrechtlicher Verträge in der italienischen Lehre: e. rechtsdogmat. Unters.; zugl. e. Beitr. zur Kritik d. dt. Lehre. — 1. Aufl. — Berlin: Duncker und Humblot, 1977.
  (Schriften zum Völkerrecht; Bd. 54)
  ISBN 3-428-03817-7

Alle Rechte vorbehalten
© 1977 Duncker & Humblot, Berlin 41
Gedruckt 1977 bei Buchdruckerei A. Sayffaerth - E. L. Krohn, Berlin 61
Printed in Germany
ISBN 3 428 03817 7

Inhaltsverzeichnis

Einleitung

Ziel und Methode der Untersuchung   9

I. Teil

Die Entwicklung der Fragestellung in Deutschland und in Italien

1. Kapitel: *Die Entwicklung der Fragestellung in Deutschland* 12
    1. Abschnitt: Die erste Periode 13
        1. Die Klassiker des Völkerrechts 13
        2. Die Diskussion der frühen Staatsrechtler 15
        3. Die Lehre von Tezner 21
    2. Abschnitt: Die zweite Periode 24
        1. Die Lehre von Heilborn 24
        2. Die Lehre von Triepel 26
        3. Die Bedeutung der Lehren von Heilborn und Triepel für die Fragestellung in Deutschland 27
    3. Abschnitt: Die Fragestellung in Deutschland 29

2. Kapitel: *Die Entwicklung der Fragestellung in Italien* 32
    1. Abschnitt: Die Begründer der italienischen Lehre 32
        1. Die Theorie von Donati 32
        2. Die Theorie von Anzilotti (1. Version) 38
        3. Die Theorie von Marinoni 46
    2. Abschnitt: Die Grundlagen der Fragestellung in Italien 51

II. Teil

Die klassische Lehre — Die Theorie der rechtlichen Zurechnung

1. Kapitel: *Die Grundlagen* 54
    1. Die dogmatischen Grundlagen 54
    2. Die Theorie von Anzilotti (2. Version) 56

2. Kapitel: *Zurechnung und Organisation des Staates — Das Problem der Kompetenz-Kompetenz* 61
   1. Problemstellung 61
   2. Die Verweisung des Völkerrechts auf das Landesrecht — Die Theorie von Perassi 62
   3. Die Verweisung des Völkerrechts auf die faktische Organisation des Staates — Die Theorie von Morelli, Sereni, Balladore Pallieri u. a. 65
   4. Die Theorie von Sperduti 70

3. Kapitel: *Kritik und Stellungnahme* 74

III. Teil

Die moderne Lehre in Italien — Die Theorie der materiellen Zurechnung

1. Problemstellung 84
2. Die Theorie von Biscottini 85
3. Die Theorie von Ferrari Bravo 90
4. Die Theorie von Quadri 93
5. Die Theorie von Arangio-Ruiz 95

Schlußbemerkungen

Die Kompetenz-Kompetenz zum Abschluß völkerrechtlicher Verträge   101

Literaturverzeichnis   109

Abkürzungen

Bd.	=	Band
Cap.	=	Capitulum
Chap.	=	Chapitre
ed.	=	edizione
éd.	=	édition
Fn.	=	Fußnote
Kap.	=	Kapitel
Lib.	=	Liber
Liv.	=	Livre
n.	=	numerus
o. J.	=	ohne Jahresangabe
o. O.	=	ohne Ortsangabe
RecCours	=	Recueil des Cours de l'Académie de droit international
rist.	=	ristampa
RDI	=	Rivista di diritto internazionale
s. o.	=	siehe oben
s. u.	=	siehe unten
Sez.	=	Sezione
Vol.	=	Volume
VVDStL	=	Veröffentlichungen der Vereinigung der Deutschen Staatsrechtslehrer
ZaöRV	=	Zeitschrift für ausländisches öffentliches Recht und Völkerrecht
Ziff.	=	Ziffer

EINLEITUNG

Ziel und Methode der Untersuchung

Eine der sowohl in der völkerrechtlichen Praxis als auch in der Wissenschaft am heftigsten diskutierten Fragen des Völkervertragsrechts ist die nach den völkerrechtlichen Wirkungen derjenigen Verträge, die unter Verletzung der verfassungsrechtlichen Kompetenzvorschriften abgeschlossen worden sind. In ihrem Schatten entwickelte sich — von der Literatur oftmals nahezu unbemerkt — eine weitere Frage, die eng mit der ersteren verbunden scheint und daher nie eine selbständige Untersuchung erfahren hat, nämlich die nach der zuständigen Rechtsordnung zur Bestimmung der Kompetenz staatlicher Stellen zum Abschluß völkerrechtlicher Verträge. Ihr ist diese Arbeit gewidmet.

Die Arbeit erhebt nicht den Anspruch, diese Frage einer endgültigen Lösung zuzuführen — dies würde, wie die Werke von *Geck* und *Ferrari Bravo*[1] beispielhaft zeigen, eine zusätzliche Untersuchung der staatlichen und völkerrechtlichen Praxis erfordern —, sondern beschränkt sich bewußt auf einen Teilaspekt der Problematik, nämlich auf eine Auseinandersetzung mit den logisch-dogmatischen Argumenten der Wissenschaft.

Der Grund für das dogmatische Interesse an dieser Frage aber liegt in der Tatsache, daß sie in einen Bereich hineinragt, in dem sich Völkerrecht und Landesrecht überschneiden bzw. berühren[2]. Das bedeutet jedoch nicht, daß ihre Behandlung eine präzise Stellungnahme zu der abstrakten Frage nach dem Verhältnis zwischen diesen beiden Rechtsordnungen voraussetzt[3], vielmehr liegt die Schwierigkeit darin, die Bedeutung der Kompetenzvorschriften im Rahmen des Vertragsschließungsprozesses zu

---

[1] *Geck*, Wilhelm Karl, Die völkerrechtlichen Wirkungen verfassungswidriger Verträge. — Zugleich ein Beitrag zum Vertragsschluß im Verfassungsrecht der Staatenwelt, in: Beiträge zum ausländischen öffentlichen Recht und Völkerrecht, Bd. 38, Köln - Berlin 1963; *Ferrari Bravo*, Luigi, Diritto internazionale e diritto interno nella stipulazione dei trattati, Pompei 1964.

[2] Dieses Interesse wird auch nicht durch die Wiener Konvention zum Vertragsrecht vom 23. Mai 1969 (International Legal Materials 1969, 679 ff.) gemindert, da diese als vertragliche Vereinbarung die hier untersuchten dogmatischen Grundsatzfragen jedenfalls keiner Lösung zuführen kann. Im übrigen ist die „Wiener Konvention" bis zum heutigen Tage in Hinblick auf Art. 84 noch nicht einmal in Kraft getreten.

[3] Dies gilt um so mehr, als die Auseinandersetzung zwischen den dualistischen und den monistischen Theorien die Literatur in der hier untersuchten Frage bisher nicht zu unterschiedlichen Ergebnissen geführt hat (vgl. *Geck*, 24)

bestimmen, die genannten beiden Ausgangsfragen gegeneinander abzugrenzen, ihre Beziehungen zueinander und ihre eventuelle gegenseitige Abhängigkeit festzustellen, um so die einzelnen Frageelemente der einen oder der anderen Rechtsordnung zuzuordnen. So liegt auch hier eine erste Aufgabe der vorliegenden Arbeit.

Gerade dieser Aufgabe aber, der Untersuchung der dogmatischen Grundlagen des angesprochenen Problemkreises also, ist insbesondere die deutsche Lehre nicht zuletzt auf Grund der historischen Entwicklung des Problems nicht immer in ausreichendem Maße nachgekommen. Denn als zu Beginn des 19. Jahrhunderts die bisher allumfassenden Befugnisse des Staatsoberhauptes durch die neuen Verfassungen zugunsten anderer staatlicher Stellen eingeschränkt wurden, war es die deutsche Lehre, die sich als erste der sich daraus ergebenden Rechtsprobleme annahm[4]. Dabei rückte, da die Zuständigkeit des Verfassungsrechts zur Bestimmung der Kompetenz staatlicher Stellen zum Vertragsschluß zunächst nicht bezweifelt wurde, immer mehr die Frage nach dem Einfluß dieser verfassungsrechtlichen Kompetenzvorschriften auf die Gültigkeit der Staatsverträge in den Mittelpunkt des Interesses. Ja dieses Problem ist es sogar, das fortan die gesamte Fragestellung in Deutschland bestimmte, und erst die Diskussion dieser Frage ließ später auch die nach der zuständigen Rechtsordnung zur Bestimmung der Kompetenz staatlicher Stellen entstehen, jetzt jedoch nicht als selbständiges Rechtsproblem, sondern als „Element" bzw. als „Vorfrage" der Gültigkeitsfrage und damit in ihrer Tragweite beschränkt und in ihrer Lösung durch die Lösung der gewählten Ausgangsfrage präjudiziert.

Diese Einstellung sollte aber für nahezu die gesamte deutsche Lehre bestimmend bleiben. Die Tatsache, daß die deutsche Lehre als erste den Versuch unternahm, die angesprochenen Probleme zu lösen und durch die gegensätzlichen Thesen von *Heilborn* und *Triepel* zugleich überzeugende Lösungen anzubieten schien[5], hat ihr innerhalb Europas eine Vorherrschaft eingebracht, die formal noch heute in gleichem Maße zu bestehen scheint wie früher. Während im Ausland die Untersuchung der erwähnten Fragen stets eine Auseinandersetzung mit der deutschen Lehre erforderlich machte, erschien innerhalb Deutschlands eine Diskussion der fremden Lehre, die anfänglich zumeist mehr oder weniger deutlich unter dem Einfluß der deutschen Theorien stand, lediglich von zweitrangiger Bedeutung. Nicht zuletzt dieses mangelnde Interesse an der ausländischen Doktrin führte aber zugleich dazu, daß die deutsche Lehre allzu bald in ihren einmal bezogenen Grundpositionen erstarrte. Allzu früh schienen die angesprochenen Fragen insbesondere durch die Lehre Triepels ent-

---

und als die italienische Literatur, deren Darstellung beabsichtigt ist, sich nahezu einhellig zur dualistischen Konzeption bekennt.

[4] Vgl. ausführlich unten I. Teil, 1. Kap.
[5] Vgl. ausführlich unten I. Teil, 1. Kap., 2. Abschnitt.

schieden und wurden im wesentlichen nur noch Detailfragen diskutiert. Dabei wurde jedoch übersehen, in welch starkem Maße die übernommenen Grundkonzeptionen in Wahrheit durch die historische Entwicklung des Problems geprägt waren und damit zugleich versäumt, diese Konzeptionen anhand der neueren Erkenntnisse der Rechtswissenschaft zu überprüfen.

Anders hingegen in Italien. Von Anfang an zu einer ständigen Auseinandersetzung mit der deutschen Lehre gezwungen und unbelastet von der historischen Entwicklung des Problems, wandte die italienische Lehre stets den dogmatischen Grundlagen der aufgeworfenen Fragen ihr besonderes Interesse zu und führte die Diskussion über diese Grundlagen bis in die heutige Zeit fort. Fand diese Diskussion auch in der durch die deutsche Lehre bestimmten Fragestellung ihren Ausgang, so wandten sich die italienischen Autoren doch bald mehr und mehr von ihren deutschen Vorbildern und deren Thesen ab. Dabei konnten sich, vom Ausland nahezu unbemerkt, schließlich jene Theorien entwickeln, die sich immer mehr von den hergebrachten, an den Denkkategorien des 19. Jahrhunderts ausgerichteten Vorstellungen lösten und die schließlich auch der Frage nach der zuständigen Rechtsordnung zur Bestimmung der Kompetenz staatlicher Stellen ihre Eigenständigkeit zurückgaben.

Diese Theorien darzulegen ist das eigentliche Ziel der vorliegenden Untersuchung, jedoch nicht ihr Selbstzweck. Schließt sie auch eine Darstellung der in Deutschland diskutierten Einzelfragen aus, so soll sie doch zugleich zu einer Auseinandersetzung mit den Grundkonzeptionen der deutschen Lehre anregen und, soweit die Gedanken der deutschen Autoren in Italien Eingang gefunden haben, diese Auseinandersetzung selbst durchführen. Sie soll, mit anderen Worten, mit den Argumenten der italienischen Doktrin diejenige Diskussion fortsetzen, die in Deutschland im wesentlichen bereits gegen Ende des 19. Jahrhunderts mit den Werken von Heilborn und Triepel beendet wurde, in Italien hingegen in der Auseinandersetzung mit diesen Werken ihren Anfang fand.

Diese Zielsetzung erfordert es aber zugleich, auf eine einleitende, abstrakte Darlegung der Problemstellung zu verzichten. Diese soll vielmehr, um eine echte Konfrontation zwischen den Thesen der deutschen Lehre und den Ansichten der italienischen Autoren zu ermöglichen, durch eine Schilderung der Entwicklung und der Wandlung, der sie in der Literatur beider Länder unterworfen war und die schließlich zu einer eigenen italienischen Doktrin geführt hat, verdeutlicht werden.

Diesem Ziel dient der erste Teil der nachfolgenden Untersuchung. Der zweite Teil ist sodann der klassischen und der dritte Teil der modernen Lehre Italiens gewidmet[6].

---

[6] Die Übersetzung der Zitate aus dem Italienischen wurde vom Verfasser besorgt.

I. TEIL

Die Entwicklung der Fragestellung in Deutschland und in Italien

1. Kapitel

Die Entwicklung der Fragestellung in Deutschland

Erweisen sich die Grundkonzeptionen der italienischen Lehre als das Ergebnis einer Auseinandersetzung mit den Thesen der deutschen Autoren, so sind diese wiederum in entscheidendem Maße durch die historische Entwicklung des Problems selbst beeinflußt. Daher ist ein kurzer Rückblick auf diese Entwicklung nicht nur aus historischem Interesse angezeigt, sondern zum Verständnis der deutschen Lehre nahezu geboten.

Denn bekanntlich stellte sich das 19. Jahrhundert, zu dessen Beginn die Diskussion innerhalb Deutschlands einsetzte, als ein Jahrhundert des Umbruchs dar, das unter den hier interessierenden Gesichtspunkten insbesondere durch den fortschreitenden Wandel der staatlichen Strukturen auf der einen und durch eine stetige Entwicklung des Völkerrechts und der Völkerrechtswissenschaft auf der anderen Seite gekennzeichnet ist. Und da nahezu jede rechtliche Doktrin ein Spiegelbild ihrer Zeit ist, ist auch die Auseinandersetzung in Deutschland durch das Leitbild der jeweils vorherrschenden staatlichen Strukturen und die Konstruktion des Verhältnisses zwischen Staatsgewalt und Staat anfangs[1] ebenso geprägt, wie später[2] durch die Unsicherheiten über die rechtliche Tragweite der geänderten Strukturen — insbesondere des Prinzips der Gewaltenteilung — und über die zu vollziehende Abgrenzung zwischen den Bereichen des Völkerrechts und denen des Landesrechts.

---

[1] Vgl. den nachfolgenden Abschnitt, Ziff. 1.
[2] Vgl. den nachfolgenden Abschnitt, Ziff. 2.

1. Kap.: Die Entwicklung in Deutschland

1. Abschnitt: Die erste Periode

1. Die Klassiker des Völkerrechts

In der Tat hatte die Frage nach der Kompetenz staatlicher Stellen zum Abschluß völkerrechtlicher Verträge unter dem undifferenzierten System des Absolutismus[3] keinerlei Schwierigkeiten bereitet. Da sich Staatsgewalt und Staat in der Person des Souveräns vereinten, ja dieser sogar mit dem Staat identifiziert wurde[4], stellte sich dessen Handeln ohne weiteres als Handeln des Staates dar[5]. Und da der Monarch seine Herrschaftsgewalt als eigenes, originäres Recht auf Grund einer überstaatlichen Berufung „von Gottes Gnaden" ausübte, ergab sich auch das Erfordernis einer besonderen rechtlichen Kompetenzzuweisung nicht und konnte demnach die Frage nach der Kompetenz-Kompetenz zum Abschluß völkerrechtlicher Verträge gar nicht aufkommen[6].

Nicht anders verhielt es sich mit der Frage nach den völkerrechtlichen Wirkungen „verfassungswidriger" Verträge, kam doch dem Souverän als einzigem unmittelbarem „Staatsorgan" alle Macht im Staate unbeschränkt nach innen und nach außen zu, während alle übrigen staatlichen Stellen von ihm bestellt waren und lediglich eine übertragene Gewalt im Namen und im Auftrage des Herrschers ausübten[7].

Daher ist es nicht verwunderlich, daß in dem frühen völkerrechtlichen Schrifttum Ausführungen zu diesen beiden Fragen zumeist gänzlich fehlen und bestenfalls nur einigen wenigen Sätzen eine gewisse Grundeinstellung zu entnehmen ist.

Mehr beiläufig stellten die Autoren jener Zeit unter dem Leitbild des Absolutismus fest, daß dem Staatsoberhaupt die Befugnis zum Abschluß völkerrechtlicher Verträge zukomme, ergänzten diese Feststellung zuweilen aber auch durch den Hinweis, daß dies nicht für jede Staatsform gelte[8].

---

[3] Vgl. hierzu z. B. *Kipp*, 282 ff.
[4] Siehe hierzu auch die Bemerkungen von *Bittner*, 17 ff.
[5] Diese Identifikation zwischen dem Staatsoberhaupt und dem Staat ging zuweilen sogar so weit, daß ernsthaft die Frage diskutiert wurde, ob die Verträge über den Tod des Souveräns hinaus auch dessen Nachfolger binden. Vgl. hierzu z. B. *Mosconi*, 200 ff.
[6] Nicht nur, wie allgemein bemerkt wird (vgl. z. B. *Balladore Pallieri*, La formation, 471), die Einheitlichkeit des Staatenbildes in Europa, sondern gewiß auch die über-(natur-)rechtliche Berufung des Souveräns konnte später zu der aus dem Leitbild des Absolutismus abgeleiteten Ansicht führen, die Kompetenz des Staatsoberhauptes zur „Vertretung" des Staates folge aus einem überstaatlichen, sprich: völkerrechtlichen Auftrag.
[7] Da das Staatsoberhaupt üblicherweise besondere Unterhändler mit der Ausarbeitung der völkerrechtlichen Verträge betraute, war das einzige Problem, das anfangs diskutiert wurde, das der rechtlichen Bedeutung der vom Monarchen vorzunehmenden Ratifikation. Vgl. hierzu *Mosconi*, 200 ff.
[8] Vgl. so bereits *Grotius*, 558 f. Weitere Nachweise bei *Meier*, 91 ff.

Diese Aussage wurde in der völkerrechtlichen Literatur bis weit in die zweite Hälfte des 19. Jahrhunderts beibehalten, doch findet sich nunmehr gelegentlich die — ebenfalls beiläufige — Präzisierung, daß letztlich „aus dem Grundgesetz eines jeden Staates ... zu entnehmen (sei), wer im Staate ermächtigt ist, im Namen des Staates gültig zu kontrahieren"[9] und daß umgekehrt ein Vertrag den Staat nur dann binden könne, wenn er von solchen Personen geschlossen worden sei, die zu seiner Vertretung durch dessen Verfassung ermächtigt worden seien[10].

Aber selbst diese Formulierungen enthalten noch keine Stellungnahme zu der erst später umstrittenen Frage nach der zuständigen Rechtsordnung zur Bestimmung der Kompetenz staatlicher Stellen zum Vertragsschluß, wie in der Folgezeit vielfach behauptet wurde[11], vielmehr wenden sich auch jene Autoren dieser Frage in Wahrheit noch gar nicht zu[12]. War sie unter der Vorherrschaft des Absolutismus ohne praktische Relevanz, so schien auch nach Auflösung des einheitlichen Staatenbildes in Europa die Zuständigkeit der nationalen Rechtsordnung so offensichtlich, daß sie auch jetzt nicht einmal in Frage gestellt wurde. Im Gegenteil, nur weil sich inzwischen auch andere Staatsformen durchgesetzt hatten und der Absolutismus nicht mehr die allgemein herrschende Staatsform darstellte, schien eine abstrakte Bestimmung der zur „Vertretung" des Staates befugten Personen unmöglich und war „aus dem Grundgesetz eines jeden Staates ... zu entnehmen, wer im Staate ermächtigt ist, im Namen des Staates gültig zu kontrahieren". Der Hinweis auf das Verfassungsrecht der Staaten diente damit nicht der Lösung eines abstrakten juristischen Problems, sondern erwies sich vielmehr zur Kennzeichnung einer konkreten Situation als erforderlich[13].

So hielten selbst die späteren Völkerrechtsautoren an einer Einstellung fest, die bereits für die Autoren des Absolutismus kennzeichnend war, obwohl sich inzwischen die konstitutionelle Monarchie zur vorherrschenden Staatsform entwickelt hatte und damit, von jenen Autoren allerdings unerkannt, aus der bisher vorwiegend tatsächlichen Problematik nunmehr auch eine rechtliche geworden war.

Denn anders als im Absolutismus ist in der konstitutionellen Monarchie Träger der Staatsgewalt nicht mehr der Souverän, sondern der Staat selbst, der damit zugleich gegenüber dem Monarchen eine gewisse Eigenständigkeit erlangt[14]. Da jedenfalls Staat und Souverän als zwei ver-

---

[9] *de Vattel*, 255 ff.; *von Martens*, 159; *Calvo*, 708; *Bluntschli*, 107, 112; *Klüber*, 201 ff. Weitere Nachweise bei *Meier*, 91 ff.
[10] Vgl. so z. B. *von Martens*, 159; *Bluntschli*, 232; *Klüber*, 201 ff.; aber auch bereits *de Vattel*, 257.
[11] Vgl. so z. B. *Meier*, 100 und die unten I. Teil, 1. Kap., Fn. 39 zitierten Autoren.
[12] Wie hier bereits *Proebst*, 268 ff.
[13] Im Ergebnis ebenso *Ferrari Bravo*, 41 ff.
[14] Vgl. hierzu z. B. *von Gerber*, 1 ff., 19 ff.; *Wigny*, 83 ff.

schiedene „Personen" erscheinen und da der Staat, und nicht der Souverän, am völkerrechtlichen Verkehr teilnimmt, hätte sich nunmehr die Frage ergeben, auf welche Weise *der Staat* völkerrechtlich relevante Handlungen vornehmen kann, oder genauer, auf welche Weise *der Staat* im Bereich des Völkerrechts handelt. Ohne jeden Zweifel konnte diese Frage zur damaligen Zeit, in der die Völkerrechtsliteratur bestenfalls gerade erst ansetzte, die dogmatischen Grundlagen einer Völkerrechtswissenschaft zu entwickeln, noch nicht erkannt und erst recht noch nicht beantwortet werden. Sie nicht gestellt zu haben, wirkte sich jedoch entscheidend auch auf die späteren Ergebnisse der deutschen Lehre aus. Denn als die völkerrechtliche Literatur sich schließlich des hier untersuchten Problemkreises annahm, war diese Fragestellung bereits durch die zwischenzeitlich von den Staatsrechtlern geführte Diskussion verdeckt und durch die Übernahme der inzwischen entwickelten Organtheorie sogar scheinbar gegenstandslos geworden.

Auch die Frage der Kompetenz-Kompetenz zum Abschluß völkerrechtlicher Verträge hätte den gewandelten tatsächlichen Verhältnissen nach bereits entstehen können, denn blieb der Monarch auch „oberstes Organ" des Staates, so leitete er diese seine Stellung und damit zugleich seine Handlungsbefugnis nicht mehr wie zur Zeit des Absolutismus aus einem „göttlichen Auftrag", sondern nunmehr aus einem Rechtssatz ab[15]. Zu fest war jedoch das Erfordernis einer verfassungsrechtlichen Legitimation, das sich ja gerade als eine der großen Errungenschaften der bürgerlichen Revolutionen darstellte, in der Überzeugung der Juristen jener Zeit verwurzelt, um die Frage nach der zuständigen Rechtsordnung zur Bestimmung der Kompetenz staatlicher Stellen überhaupt als ein Rechtsproblem ansehen zu können[16]. Diese Überzeugung aber wirkte lange Zeit fort und erst die historische Entwicklung der Diskussion innerhalb Deutschlands ließ auch die Kompetenzfrage als rechtliches Problem erscheinen, jetzt jedoch nicht in einer abstrakten und unabhängigen Fragestellung, sondern als Element bzw. als „Vorfrage" einer anderen Frage — nämlich der nach den völkerrechtlichen Wirkungen verfassungswidriger Verträge — und damit als Rechtsfrage in ihrer Tragweite beschränkt und in ihrer Lösung präjudiziert.

2. Die Diskussion der frühen Staatsrechtler

Das Schweigen der „Klassiker des Völkerrechts" zu den angesprochenen Fragen vermag nicht zu verwundern, fiel doch die Änderung des

---
[15] Vgl. hierzu z. B. *von Rönne*, 150.
[16] So diente auch die Bezeichnung des Monarchen als „Vertreter" des Staates in der frühen Völkerrechtsliteratur eher der terminologischen Benennung, als der Kennzeichnung eines Rechtsverhältnisses. Dies bestätigt auch die Feststellung *Cavaglieris*, daß die Begriffe „Vertreter" und „Organ" lange Zeit von der Literatur als Sinonyma verwandt wurden. Vgl. *Cavaglieri*, 105 f.

Staatenbildes in Europa in eine Zeit, in der die Rechtswissenschaft noch weniger mit dem Aufbau abstrakter, rechtstheoretischer Denkkategorien und Grundkonzeptionen, als vielmehr mit der Lösung konkreter Probleme befaßt war. So stellte denn auch (in *rechtlicher*, nicht in *politischer* Hinsicht) eine der augenfälligsten Neuerungen der konstitutionellen Monarchie gegenüber der Staatsform des Absolutismus nicht die Auflösung der Identität zwischen dem Souverän und dem Staat und nicht die nunmehr rechtliche Begründung der Herrschaftsgewalt des Monarchen dar, sondern vielmehr die in Verfolg des Prinzips der Gewaltenteilung vorgenommene Beschränkung der ehemals umfassenden Befugnisse des Staatsoberhauptes zugunsten anderer staatlicher Stellen, die sich auch im Bereich der völkerrechtlichen Verträge auswirkte. Denn neben den König war als willenbildendes Organ insbesondere die Volksvertretung getreten, die nicht nur — in der Regel mit diesem zusammen — die allgemeine Legislativgewalt ausübte[17], sondern der oftmals auch im Bereich der völkerrechtlichen Verträge ein gewisses Mitwirkungsrecht zugestanden worden war. Wurde die Befugnis zum Abschluß völkerrechtlicher Verträge auch nach wie vor grundsätzlich dem Monarchen zugewiesen, so sahen doch die meisten Verfassungen in unterschiedlichen Formulierungen gleichzeitig vor, daß bestimmte Verträge „nur in Kraft (treten), nachdem sie die Zustimmung der Kammern gefunden haben"[18], daß sie „erst nach Zustimmung der Kammern Wirksamkeit (erlangen)"[19] oder daß sie „zu ihrer Gültigkeit der Zustimmung der Kammern (bedürfen)"[20].

So sind es denn auch diese Bestimmungen, die seit Beginn der zweiten Hälfte des 19. Jahrhunderts nunmehr — kennzeichnenderweise — unter den *Staatsrechtlern* Deutschlands eine heftige Diskussion auslösten, die in der Frage gipfelte, ob ein Vertrag, der ohne die geforderte Mitwirkung der Volksvertretung geschlossen worden war, lediglich *innerstaatlich unwirksam*[21] oder aber auch *völkerrechtlich ungültig*[22] sei, oder anders ausgedrückt, ob die Zustimmung der Volksvertretung Voraussetzung für die innerstaatliche Anwendbarkeit oder aber auch für den völkerrechtlichen Bestand des Vertrages sei[23]. Und in der Tat mußten die ge-

---

[17] Vgl. ausführlich hierzu z. B. *Koellreutter*, 152; *von Rönne*, 188 ff.
[18] Vgl. so Art. 68 der belgischen Verfassung von 1831.
[19] Vgl. so Art. 5 der italienischen Verfassung von 1848 bzw. 1861.
[20] Vgl. so Art. 48 der preußischen Verfassung von 1850.
[21] So insbesondere *Gneist*, 339 ff.; *Meyer*, 485; *von Mohl*, Encyclopädie, 416; (vgl. aber auch *ders.*: Reichsstaatsrecht, 304, Fn.). So auch, jedoch speziell in Hinblick auf das preußische bzw. das deutsche Staatsrecht *von Rönne*, 694; *Laband*, 161 ff., 168 ff.
[22] So insbesondere *Meier*, 100 ff.; *von Schulze-Gaevernitz*, 617; *Unger*, 349; *von Mohl*, Reichsstaatsrecht, 304, Fn. (vgl. aber auch *ders.*: Encyclopädie, 416); siehe ferner *Proebst*, 265 ff.
[23] In der Tat wurden diese Fragen zu einem späteren Zeitpunkt auch in Italien diskutiert, ohne hier jedoch — wegen des inzwischen erzielten Fort-

nannten Vorschriften des Verfassungsrechts erhebliche Schwierigkeiten bereiten in einer Zeit, in der das Problem der Gewaltenteilung noch nicht bewältigt war[24] und in der auf der anderen Seite eine dogmatische Abgrenzung zwischen den Bereichen des Völkerrechts und denen des Landesrechts noch fehlte[25], galt es doch nicht nur, die Bedeutung der parlamentarischen Mitwirkungspflicht im System der Gewaltenteilung zu definieren, sondern zugleich deren rechtliche Relevanz innerhalb eines rechtsdogmatischen Systems zu bestimmen, das noch nicht erstellt war. Gerade diese Unsicherheiten sind es auch, die die Auseinandersetzung der Staatsrechtler, die bald den einen, bald den anderen Aspekt der Frage vernachlässigten, prägten.

Die richtige Lösung, so führten *Gneist* und seine Anhänger[26] aus, könne sich nur bei einer konsequenten Trennung zwischen den völkerrechtlichen und den verfassungsrechtlichen Elementen des Vertragsabschlußprozesses ergeben[27]. *Völkerrechtlich* werde ein Vertrag „durch die Ratifikation des Königs ohne Vorbehalt irgendeiner Zustimmung des Parlamentes" für die Staaten verbindlich, Gründe für seine „Annullierung" könnten

---

schritts der Rechtswissenschaft — je die gleiche Bedeutung einzunehmen, wie in Deutschland. Zur Diskussion in Italien vgl. für alle anderen *Dionisio Anzilotti*, Alcune considerazioni sulla approvazione parlamentare dei trattati la cui esecuzione importa provvedimenti di natura legislativa, in: Opere di Dionisio Anzilotti, Vol. II, Tomo 1 (Padova 1956) 587 ff.

[24] Dies gilt in besonderem Maße im Bereich der deutschen Staaten, war doch deren Verfassungssystem weniger durch eine reale Teilung der Gewalten geprägt, als vielmehr durch „eine Beschränkung des Herrschers durch eine Vertretung von seiten der Beherrschten, so daß also der Staatswille in principieller Totalität im Staatsoberhaupte sich concentrirt, dieser höchste Wille aber keineswegs ein nach allen Seiten hin ausschließlich maßgebender ist". *Meier*, 11.

[25] Dies gilt unter einem doppelten Gesichtspunkt, galt es doch nicht nur, die eventuellen Wirkungen verfassungsrechtlicher Vorschriften im Bereich des Völkerrechts festzulegen, sondern auch eine Abgrenzung des Geltungsbereiches und des Geltungsgrundes des Völkervertragsrechts gegenüber dem Landesrecht vorzunehmen. Gerade eine solche Abgrenzung erwies sich aber zugleich mit der Einführung des Prinzips der Gewaltenteilung immer dringender als erforderlich. Denn machten im Zeitalter des Absolutismus bis hin zum Ende des 18. Jahrhunderts die Kriegs- und Friedensverträge im weiteren Sinne den Hauptteil der vertraglichen Regelungen aus, so sind es seit diesem Zeitpunkt immer mehr diejenigen Verträge, die auf die Herstellung eines friedlichen internationalen Handels gerichtet sind und später auch diejenigen, die den Schutz oder die Gewährung von Rechten des einzelnen zum Gegenstand haben. (Vgl. hierzu die Übersicht bei *Meier*, 18 ff. Für Italien vgl. z. B. *Brusa*, 490 ff.) In steigendem Maße treffen damit die völkerrechtlichen Verpflichtungen (ihrem Inhalt nach, nicht ihrer Natur nach) den Staat nicht mehr in seiner Eigenschaft als Mitglied der Völkergemeinschaft, sondern in seiner Eigenschaft als Träger der innerstaatlichen Rechtsordnung. Sie fordern (aus diesem Blickwinkel) nicht mehr in erster Linie ein bestimmtes Verhalten gegenüber dem Vertragspartner, sondern immer mehr ein bestimmtes Verhalten gegenüber den eigenen Rechtsunterworfenen.

[26] s. o. Fn. 21.
[27] Vgl. *Gneist*, 339 ff.

sich nur aus dem Völkerrecht ergeben, nicht hingegen „aus der mangelnden Zustimmung des Parlamentes entnommen werden"[28]. *Staatsrechtlich* hingegen, „d. h. in den inneren Verhältnissen des Staates", gelte auch **gegenüber** den völkerrechtlichen Verträgen der Grundsatz, daß das geltende Landesrecht nur im Wege der Gesetzgebung geändert werden könne. Gerade daher sei auch zur Ausführung des Vertrages in vielen Fällen eine „Parlamentsakte" erforderlich[29]. Und hierin liege auch die Bedeutung der von den Verfassungen geforderten parlamentarischen Mitwirkung. Verweigere das Parlament seine „Zustimmung", so bleibe, da „im Kollisionsfall die höhere völkerrechtliche Verpflichtung der staatsrechtlichen vorgeht", der Staat völkerrechtlich gleichwohl gebunden[30].

Gerade gegen diese Präjudizierung der rechtlichen Beurteilung der parlamentarischen Mitwirkung, die sich für Gneist lediglich als Konsequenz der Trennung zwischen Völkerrecht und Landesrecht als eine Maßnahme der Gesetzgebung, als ein innerstaatlicher Vollzugsakt darstellte, wehrten sich *Meier* und seine Anhänger.

Die Lösung Gneists — so machten sie geltend — treffe möglicherweise auf das englische Verfassungssystem zu, auf das sich der Autor auch zu Unrecht einseitig stütze, lasse sich aber nicht mit dem kontinental-europäischen System vereinbaren[31]. Denn nach den Verfassungen dieser Staaten seien die mitwirkungsbedürftigen Verträge „nicht erst bei der Ausführung, sondern schon beim Abschluß dieser Mitwirkung unterworfen ..., ... so daß die Zustimmung zur rechtlichen Existenz des Vertrages notwendig ist"[32]. Die Vertragsschließungsgewalt sei in diesen Fällen „einfach auf den Weg der Gesetzgebung verwiesen"[33]. So könne man auch nicht zwischen „Abschluß und Wirksamkeit" eines Vertrages unterscheiden[34], noch lasse sich die Gültigkeit eines Vertrages in eine völkerrechtliche Gültigkeit und eine innerstaatliche Wirksamkeit „aufspalten"[35], und auch ein Konflikt zwischen Gesetz und Staatsvertrag im Sinne von Gneist könne nicht entstehen, „denn Staatsvertrag und Gesetz sind eben identisch. Wo kein Gesetz zustande gekomen ist, ist auch kein Staatsvertrag zustande gekommen"[36].

So waren sowohl *Gneist* und seine Anhänger als auch *Meier* und seine Anhänger von einer Diskussion der hier untersuchten Fragen noch weit

---

[28] *Gneist*, 342 f.
[29] *Gneist*, 343.
[30] *Gneist*, 344 f.
[31] *Meier*, 103 ff.; *von Schulze-Gaevernitz*, 617.
[32] *Meier*, 108.
[33] *Meier*, 108. Zur Verdeutlichung dieser Ansicht vgl. oben Fn. 24.
[34] *Meier*, 108.
[35] *Unger*, 355.
[36] *Meier*, 110.

entfernt. Denn trotz aller gegensätzlichen Ansichten wurde die alleinige Zuständigkeit der nationalen Rechtsordnung zur Bestimmung der Kompetenz staatlicher Stellen auch jetzt noch von keiner Seite angezweifelt[37], wenn sie auch nunmehr zuweilen besonders hervorgehoben[38] oder zu ihrer Bekräftigung auf die „Autoritäten des Völkerrechts"[39] oder auf die Existenz eines „allgemeinen Rechtsgrundsatzes"[40] verwiesen wurde[41]. Vielmehr bemühten sich die Vertreter beider Theorien allein darum, durch eine *Interpretation der Verfassungstexte* der einzelnen Staaten[42] die Bedeutung der betreffenden Verfassungsvorschriften zu ermitteln[43]. Selbst die Frage der völkerrechtlichen Wirkungen verfassungswidriger Verträge als Korrelation zwischen einer *völkerrechtlichen* Rechtsfolge und einem *verfassungsrechtlich* bestimmten Tatbestand wurde noch nicht diskutiert, nutzte doch Gneist die Erkenntnis, daß Gründe für eine „Annullierung" des Vertrages sich allein aus dem Völkerrecht ergeben könnten, ausschließlich dazu, die Mitwirkung des Parlaments in den Bereich der innerstaatlichen (gesetzgeberischen) Ausführung des Vertrages zu verweisen, während sich das Problem für Meier, der insoweit jegliche Trennung zwischen Völkerrecht und Landesrecht leugnete, von Anfang an gar nicht stellte.

Dennoch sollte die Diskussion der frühen Staatsrechtler auf die spätere Behandlung dieser Fragen nicht ohne Einfluß bleiben, ja sie ließ sie letztlich sogar — jedenfalls in der später diskutierten Form — geradezu erst entstehen. Denn nicht das Bemühen, die Voraussetzungen der Gültigkeit völkerrechtlicher Verträge zu definieren, nicht die abstrakte und allgemeine Frage nach dem Handeln des Staates im Bereich des Völkerrechts und auch nicht der Versuch, aus rechtstheoretischen Überlegungen die zuständige Rechtsordnung zur Regelung der Kompetenz staatlicher Stellen zu bestimmen, bildeten in späterer Zeit den Ausgangspunkt der Untersuchungen, sondern die bereits jetzt diskutierte Frage nach der Be-

---

[37] Gegen eine gegenteilige Auslegung der Gedanken von *Gneist* durch *Meier* (31 ff., 35) wehrt sich zu Recht *Proebst*, 266.
[38] Vgl. z. B. *Meyer* (484): „Die Frage, welches Organ des Staates befugt sei, denselben durch Abschluß von Staatsverträgen völkerrechtlich zu verpflichten, ist keine völkerrechtliche, sondern eine staatsrechtliche Frage."
[39] Vgl. z. B. *Laband*, 161; *von Schulze-Gaevernitz*, 617.
[40] Vgl. z. B. *von Rönne*, 693; *Laband*, 160.
[41] Vgl. auch *von Mohl* (Encyplopädie, 414 f.), nach dem sich der Grundsatz, daß „der ausschließliche Träger der völkerrechtlichen Stellung eines Staates das verfassungsmäßige Staatsoberhaupt desselben" ist, aus der Tatsache ergebe, daß „das Völkerrecht eine Rechtsordnung ist, in welche selbständige Staaten, in Ermangelung einer über ihnen stehenden höheren Gewalt, auf Grund allseitig von ihnen anerkannter Normen, eingetreten sind, ...".
[42] Vgl. so auch *Ferrari Bravo*, 141 f.
[43] Kennzeichnend hierfür sind insbesondere die Ausführungen von *Laband* (160 ff., 168) und *von Rönne* (690 ff.), die beide bei unterschiedlichen Verfassungstexten auch unterschiedliche Lösungen vorschlagen.

deutung der kompetenzbeschränkenden Normen des Verfassungsrechts für die Gültigkeit völkerrechtlicher Verträge. Korrigierte man dabei den Fehler *Gneists*, daß die parlamentarische Mitwirkung sich notwendigerweise allein auf die innerstaatliche Ausführung des Vertrages beziehe, und den Irrtum der These *Meiers*, daß das Verfassungsrecht für sich allein Voraussetzungen für die Gültigkeit völkerrechtlicher Verträge aufstellen könne — beides Irrtümer, die nicht lange Bestand haben konnten —, so mußte diese Fragestellung zu einer Verbindung zwischen einem vom Verfassungsrecht bestimmten Tatbestand und einer völkerrechtlichen Rechtsfolge führen, genauer zu der Frage nach der *völkerrechtlichen* Relevanz bzw. Irrelevanz der kompetenzbeschränkenden Normen des *Verfassungsrechts*.

In der Tat leiteten zu dieser Fragestellung bereits diejenigen staatsrechtlichen Autoren über, die sich im Verlauf der Auseinandersetzung um eine vertiefte Analyse des Problems bemühten. Dabei zeichneten sie gleichzeitig die gegensätzlichen Auffassungen vor, die auch für die spätere Diskussion der Völkerrechtler kennzeichnend sein sollten, und sie lieferten bereits solche Argumente, derer sich auch spätere Autoren bedienen sollten.

Räumten so die Anhänger der These *Gneists* auch bald die Möglichkeit ein, daß die Mitwirkungspflicht des Parlamentes sich nicht notwendigerweise allein auf die innerstaatliche Ausführung des Vertrages beziehe, sondern in gewissen Fällen bereits die Abschlußkompetenz des Staatsoberhauptes einschränke, so hielten sie dennoch an ihrem bisherigen Ergebnis fest. Die fremden Staaten, so fügten sie nunmehr ergänzend hinzu, „haben das Recht und die Pflicht, sich bloß an das Staatsoberhaupt, mit welchem sie rechtlich allein verkehren können, zu halten"[44], sie hätten nur die Verpflichtung, „*die formelle Legitimation* des mit (ihnen) kontrahierenden Organs zum *Abschluß* des Vertrages zu prüfen", nicht hingegen die „fernere Frage zu untersuchen, ob dieses Organ diejenigen Vorschriften der Verfassung seines Staates beachtet hat, welche von dieser nur für Staatsverträge einer gewissen Gattung vorgesehen sind"[45].

Doch auch die Anhänger *Meiers* hielten an ihrer bisherigen Ansicht fest. Jeder Kontrahent müsse, so machten sie nunmehr weiter geltend, „die Legitimation desjenigen, mit dem er verhandelt, nachprüfen; er muß die Dispositionsfähigkeit und die Stellvertretungsbefugnis desselben untersuchen; er muß auf eigene Gefahr feststellen, daß dasselbe die rechtliche Macht hat, das Subjekt, namens dessen es handelt, zu vertreten und zu verpflichten; er muß daher namentlich bei Geschäften mit juristischen Personen sich eine solche Kenntnis von ihrer Verfassung be-

---

[44] *von Mohl*, Encyclopädie, 416.
[45] *von Rönne*, 695. Hervorhebung im Original.

schaffen, als erforderlich ist, um beurteilen zu können, wer zur Vertretung der juristischen Personen befugt und legitimiert ist"[46].

Bemühten sich auch jene Autoren grundsätzlich nach wie vor darum, die Bedeutung der parlamentarischen Mitwirkungspflicht im System der verfassungsrechtlichen Aufgabenteilung zu bestimmen, so führte sie doch die Berücksichtigung zusätzlicher Gesichtspunkte zugleich zu einer Fragestellung, die der späterer Autoren sehr ähnlich ist, nämlich zu der Frage nach der *Geltung* der kompetenzbeschränkenden Normen des Verfassungsrechts gegenüber dem Vertragspartner[47]. Und bemühten sie sich auch nach wie vor in erster Linie um eine Interpretation der Vorschriften des Verfassungsrechts, so wiesen doch die neue Fragestellung sowie die nunmehr ergänzend angeführten Argumente, die sich nicht mehr aus einer Auslegung konkreter Verfassungsbestimmungen gewinnen ließen, sondern einer außerstaatlichen (völkerrechtlichen) Betrachtungsweise entnommen waren, auf eine beginnende Verlagerung der Problematik aus dem Bereich des Verfassungsrechts in den Bereich des Völkerrechts hin[48].

3. Die Lehre von Tezner

Es war *Tezner*, der als erster mehr oder weniger vollkommen diesen Schritt vollzog[49] und damit eine Fragestellung einleitete, die noch heute für nahezu die gesamte deutsche Lehre charakteristisch ist.

Enthalte das Völkerrecht — so führte der Autor aus — die Normen für das rechtliche Verhalten der Staaten untereinander, „ist es eine über den Staat sich erhebende Rechtsordnung der zwischen ihnen stehenden Gemeinschaft, dann ist es folgewidrig, diese Gemeinschaft den Normen der einzelnen Staaten zu unterwerfen, anstatt die Staaten die Normen für ihr rechtliches Verhalten von der Gemeinschaft empfangen zu lassen"[50]. Jeder Versuch, „die Frage nach der Wirksamkeit, Verbindlichkeit

---

[46] *Laband*, 161.
[47] So besonders deutlich *Proebst* (265), nach dem „ein solcher Rechtssatz ... nicht allein innerhalb desjenigen Staates Wirkung (hat), dessen Verfassung ihn sanktioniert hat; er behauptet vielmehr auch den Mitkontrahenten gegenüber Geltung in der Weise, daß alle Verträge, welche unter Verletzung der Verfassungsvorschrift abgeschlossen wurden, null und nichtig sind und keinerlei rechtliche Wirkungen erzeugen".
[48] In der Tat sollte der Streit darüber, ob sich die Vertragspartner über die verfassungsrechtlichen Regelungen der Gegenpartei zu informieren haben oder nicht, später in der Auseinandersetzung über die Geltung des Satzes von Ulpian — *qui cum alio contrahit vel est vel debet esse non ignarus conditionis eius* — und schließlich auch in der Diskussion über den Gutgläubensschutz seine Fortsetzung finden.
[49] *Tezner*, Friedrich, Zur Lehre von der Giltigkeit der Staatsverträge, Zeitschrift für das Privat- und öffentliche Recht der Gegenwart 1893, 120 ff.
[50] Ebd., 123.

der Staatsverträge als *Verträge*, die Frage nach den Voraussetzungen für das Zustandekommen und die Wirksamkeit eines zweiseitigen Rechtsgeschäfts des *Völkerrechts*, schlechthin auf Grund des positiven Verfassungsrechts jener Staaten zu lösen, um deren vertragsmäßige Gebundenheit es sich handelt", sei daher von Anfang an verfehlt. Vielmehr sei die Frage, „welches die Voraussetzungen für das Zustandekommen eines Vertrages ... sind, eine *ausschließlich völkerrechtliche*"[51]. Die internen Beschränkungen der Repräsentationsbefugnis des Staatsoberhauptes könnten nur dann für den „völkerrechtlichen Verkehr" verbindlich sein, wenn ihnen diese „Wirkung durch einen Rechtssatz des *Völkerrechts* vermittelt" werde[52], wenn das Völkerrecht also die entsprechenden Bestimmungen „rezipiere"[53]. Jedoch enthalte das Völkerrecht keine solche Rezeptionsnorm und auch der Satz von Ulpian *qui cum alio contrahit vel est vel debet esse non ignarus conditionis eius* könne nicht zu ihrer Begründung herangezogen werden[54]. *De lege ferenda* aber müsse man nach den Grundsätzen der Billigkeit und der Praktikabilität davon ausgehen, daß nur „solche interne Beschränkungen der Repräsentationsbefugnis des Staatsoberhauptes" für den völkerrechtlichen Verkehr maßgebend seien, „deren Inhalt ein *ganz liquider* ist"[55].

Der Wandel in der Problemstellung, der sich mit dieser Lehre Tezners vollzog, aber auch der Einfluß der historischen Entwicklung auf die Fragestellung sind nur allzu deutlich.

Hatten sich die Staatsrechtler noch darum bemüht, durch eine Interpretation der Verfassungstexte der einzelnen Staaten die rechtliche Tragweite konkreter Verfassungsbestimmungen zu definieren, so sind demgegenüber die Ausführungen Tezners in erster Linie von dem Bestreben geprägt, den Regelungsanspruch des Völkerrechts zur Regelung der Gültigkeitsfrage gegenüber dem Verfassungsrecht zu begründen. Nach wie vor von der Überzeugung geleitet, daß allein das Verfassungsrecht der Staaten die Kompetenz staatlicher Stellen bestimmen könne, stellt der Autor dieser Überzeugung nunmehr doch gleichzeitig die dogmatisch begründete Erkenntnis gegenüber, daß nur das Völkerrecht die Voraussetzungen der Gültigkeit völkerrechtlicher Verträge festlegen könne; ja, während er die Zuständigkeit der nationalen Rechtsordnung zur Regelung der Kompetenzfrage nach wie vor nicht in Frage stellt, bildet das Bemühen, die ausschließliche Zuständigkeit des Völkerrechts zur Regelung der Gültigkeitsfrage zu begründen, das eigentliche Hauptanliegen des Autors. Hatte so noch *Gneist* die Feststellung, daß Gründe für

---

[51] Ebd., 123. Hervorhebung im Original.
[52] Ebd., 126. Hervorhebung im Original.
[53] Ebd., 142.
[54] Ebd., 126 ff.
[55] Ebd., 139.

die „Annullierung" eines Vertrages sich lediglich aus dem Völkerrecht ergeben könnten, allein dazu genutzt, den (zulässigen) Inhalt der betreffenden Verfassungsnormen zu bestimmen, so dient demgegenüber *Tezner* die Erkenntnis, daß allein das Völkerrecht die Voraussetzungen der Gültigkeit eines Vertrages festlegen könne, in Kritik der staatsrechtlichen These der „Benennung" eines vom Völkerrecht zu regelnden Sachverhaltes.

Statt jedoch in weiteren Überlegungen den konkreten Inhalt der entsprechenden Völkerrechtsnorm über die Gültigkeit völkerrechtlicher Verträge nach Tatbestand und Rechtsfolge zu erforschen, folgt der Autor, in der Diskussion mit den Staatsrechtlern befangen, deren Problemstellung und untersucht nach wie vor die Frage nach der Bedeutung der kompetenzbeschränkenden Normen des Verfassungsrechts, jetzt jedoch nicht mehr aus dem Gesichtspunkt des Staatsrechts, sondern nunmehr aus dem Gesichtspunkt des Völkerrechts. Hätte ihn eine echte Analyse der betreffenden Völkerrechtsnorm nahezu zwangsläufig zu der Frage nach dem Handeln des Staates im Bereich des Völkerrechts geführt, so wandelte sich mit der These Tezners die früher im Bereich des Staatsrechts diskutierte Frage, ob die verfassungsrechtlichen Kompetenzbeschränkungen „allein innerhalb des Staates Wirkungen (haben), dessen Verfassung sie sanktioniert hat" oder aber auch „dem Mitkontrahenten gegenüber Geltung (behaupten)"[56], lediglich in die nunmehr im Bereich des Völkerrechts diskutierte Frage nach der völkerrechtlichen Relevanz bzw. Irrelevanz dieser Verfassungsbestimmungen.

Damit blieb die an sich zutreffende Erkenntnis Tezners, .daß allein das Völkerrecht die Gültigkeit völkerrechtlicher Verträge festlegen könne, auf Grund der historischen Entwicklung des Problems von Anfang an in ihrer Tragweite begrenzt. Mehr noch, da es dem Autor nicht gelungen war, sich von der Problemstellung der Staatsrechtler zu lösen, er diese vielmehr zum Ausgangspunkt seiner Betrachtungen machte, blieb sein Bemühen, den Bereich des Völkerrechts gegenüber dem des Landesrechts abzugrenzen, von Anfang an unvollkommen und in seinem Ansatzpunkt sogar verfehlt. Denn statt, wie es allein zutreffend gewesen wäre, die Sachverhalte, die von der einen oder der anderen Rechtsordnung erfaßt werden, zu definieren, statt also die Tatsachen zu bestimmen, an deren Verwirklichung das Völkerrecht gewisse Rechtsfolgen bindet, um so die Regelungsbereiche von Völkerrecht und Landesrecht gegeneinander abzugrenzen, kennzeichnete der Autor durch die Feststellung, daß allein das Völkerrecht die Voraussetzungen der Gültigkeit völkerrechtlicher Verträge festlegen könne, lediglich eine vom Völkerrecht zu regelnde *Rechtsfolge*, ließ den *Tatbestand* der entsprechenden Völkerrechtsnorm jedoch grundsätzlich offen.

---

[56] *Proebst*, 265.

Gerade dieses Versäumnis sollte aber für nahezu die gesamte deutsche Lehre charakteristisch bleiben, und gerade dieses Versäumnis verbunden mit der gesamten Fragestellung Tezners konnte schließlich auch die Frage nach der zuständigen Rechtsordnung zur Bestimmung der Kompetenz staatlicher Stellen — jedenfalls so, wie sie später in Deutschland diskutiert wurde — entstehen lassen.

Denn hätte eine Untersuchung der Völkerrechtsnorm den Autor zu der Frage nach dem Handeln des *Staates* im Bereich des Völkerrechts geführt, so deutete statt dessen seine Fragestellung auf eine Verbindung zwischen der Kompetenzfrage und der Gültigkeitsfrage hin. Stellte der Autor die überkommene Überzeugung, daß allein das Verfassungsrecht die Kompetenz staatlicher Stellen bestimmen könne, auch nach wie vor nicht in Zweifel, so ließ doch bereits seine Feststellung, daß allein das Völkerrecht die Voraussetzungen der Gültigkeit völkerrechtlicher Verträge festlegen könne, sowie die Untersuchung der Frage der Existenz einer völkerrechtlichen Rezeptionsnorm, die den kompetenzbeschränkenden Normen des Verfassungsrechts völkerrechtliche Relevanz verleihen würde, die Kompetenz staatlicher Stellen als eine vom Völkerrecht geforderte Voraussetzung für die Gültigkeit völkerrechtlicher Verträge erscheinen, die in letzter Konsequenz auch dem Regime des Völkerrechts unterworfen war.

Dennoch sind es erst die Lehren von *Heilborn* und *Triepel*, die schließlich auch die Fragen nach der zuständigen Rechtsordnung zur Bestimmung der Kompetenz staatlicher Stellen in die deutsche Lehre einführten[57].

2. Abschnitt: Die zweite Periode

1. Die Lehre von Heilborn

Hatte sich Tezner allein die Aufgabe gestellt, im konkreten Fall den Regelungsanspruch des Völkerrechts gegenüber den Thesen der frühen Staatsrechtler nachzuweisen, so waren demgegenüber die Ausführungen *Heilborns*[58] von dem nunmehr allgemein einsetzenden Bestreben geprägt, die rechtliche Autonomie des Völkerrechts schlechthin zu begründen, sowie von der daraus abgeleiteten Forderung, daß das Völkerrecht jede für seinen Bereich relevante Frage mit eigenen Mitteln zu lösen habe. Während so Tezner allein die Frage untersucht hatte, ob sich das Völkerrecht gewisse normative Wertungen des Verfassungsrechts zu

---

[57] Stellen die Thesen von *Heilborn* und *Triepel* auch nicht die einzigen Diskussionsbeiträge jener Zeit dar, so enthalten sie doch die prägnantesten Formulierungen der widerstreitenden Meinungen.

[58] *Heilborn*, Paul, Das System des Völkerrechts entwickelt aus den völkerrechtlichen Begriffen, Berlin 1896.

1. Kap.: Die Entwicklung in Deutschland

eigen machte, stellte sich nunmehr demgegenüber Heilborn in erweitertem Rahmen die Frage, ob nicht in Wahrheit das Völkerrecht diese Wertung in autonomer Weise vornehme.

Der Staat, so führte der Autor im Anschluß an die inzwischen im Bereich des Landesrechts zum Handeln juristischer Personen entwickelte Organtheorie aus, könne nur durch Menschen handeln, staatlicher Wille sei stets menschlicher Wille. Jedoch hätten gewisse physische Personen — nämlich die Organe des Staates — „die Fähigkeit, durch ihren Willen staatlichen Willen zu erzeugen". Diese Fähigkeit sei ihnen durch *Rechtssatz* verliehen; „eine Rechtsnorm erklärt ihren Willen zum staatlichen Willen". „Völkerrechtliche Organe" des Staates seien „diejenigen Menschen, welche in völkerrechtlich gültiger Weise durch Akte ihres Willens den Willen des Staates erzeugen" können[59]. Hierzu gehöre insbesondere das Staatsoberhaupt, denn es bestehe „jedenfalls eine Völkerrechtsnorm des Inhalts, daß der Wille des Staates in völkerrechtlich gültiger Weise von seinem Oberhaupte erklärt wird"[60]. Das Staatsoberhaupt habe damit auch eine „völkerrechtliche Kompetenz", da ihm das Völkerrecht „einen bestimmten Wirkungskreis zuweist, so daß die von dem Organ innerhalb dieses Wirkungskreises vorgenommenen Handlungen völkerrechtlich Staatshandlungen sind". Die dem Staatsoberhaupt vom Völkerrecht verliehene Kompetenz sei eine allseitige, „sie wird als *ius repraesentationis omnimodae* bezeichnet"[61] und sie sei auch unbeschränkbar. Aus diesem Grund sei es auch „völkerrechtlich irrelevant, unter welchen Bedingungen das Staatsoberhaupt nach Staatsrecht eine Erklärung abgeben darf"[62]. Denn die Voraussetzungen für die Gültigkeit eines Vertrages bestimmten sich allein nach dem Völkerrecht[63], das sich insoweit mit der „Auswechslung der Ratifikation" der Staatsoberhäupter, die „dem Kontrahenten gegenüber eine Willenserklärung abgeben", begnüge[64]. Da das Völkerrecht so die Frage, wie ein Staatsvertrag zustande komme, abschließend regele und ihre Beantwortung nicht dem Verfassungsrecht eines jeden einzelnen Staates überlasse, seien auch die landesrechtlichen Vorschriften darüber, wie der Staatswille „materiell" entstehe und welcher Willensäußerungen es hierzu bedürfe, unbeachtlich[65]. Solche Vorschriften könnten mithin „dem Staatsoberhaupte nur

---

[59] Ebd., 139.
[60] Ebd., 142. Vgl. auch S. 143: „Das Staatsoberhaupt wurde ... als völkerrechtliches Organ des Staates charakterisiert, weil die von ihm einem fremden Staate gegenüber amtlich abgegebene Willenserklärung nach Völkerrecht eine solche des Staates ist."
[61] Ebd., 143.
[62] Ebd., 165.
[63] Ebd., 144, 159.
[64] Ebd., 145 ff.
[65] Ebd., 148, 159.

die staatsrechtliche Pflicht auferlegen, den Vertrag unter Vorbehalt oder erst nach erteilter Genehmigung zu ratifizieren"[66].

2. Die Lehre von Triepel

Gegen diese Ansicht Heilborns wandte sich vor allem *Triepel*[67], der sich in stärkerem Maße als jener Autor den Gedanken Tezners anschloß. Und in der Tat ließen sich die Überlegungen Tezners eher in die Vorstellungen Triepels einordnen, bemühte sich doch Triepel anders als Heilborn nicht zuletzt auch darum, das System möglicher Verweisungen zwischen Völkerrecht und Landesrecht zu ermitteln[68].

Auch die Diskussion — so führte *Triepel* aus — über den Einfluß der „staatsrechtlichen Normen über die völkerrechtliche Vertretung des Staates durch seine Organe" und insbesondere der kompetenzbeschränkenden Normen der Verfassungsrechts auf die Gültigkeit völkerrechtlicher Verträge sei in Wahrheit nichts anderes als „ein Streit über die Existenz oder Nichtexistenz eines völkerrechtlichen Blanketts"[69]. In Wahrheit sei allein zu entscheiden, ob das Völkerrecht einen Rechtssatz enthalte, der zur Ausfüllung des eigenen Tatbestandes auf das Landesrecht mit der Absicht und der Wirkung verweise, „daß internationale Rechte und Pflichten nur dann entstehen, wenn nach staatlichem Recht ... bestimmte Fähigkeiten, Rechte und Pflichten gegeben sind"[70].

Unzweifelhaft könne über die Voraussetzungen, „unter denen ein gültiger Vertrag — ... — zu Wege gebracht wird, lediglich vom Völkerrecht entschieden werden"[71]. Auf der anderen Seite stehe aber ebenso sicher fest, „daß das Völkerrecht in einem Punkte dem Landesrecht ein für allemal ein Blankett offen gelassen hat: in der Bestimmung dessen nämlich, was als Vertragserklärung des Staates aufzufassen, genauer: in der Festlegung der Voraussetzungen, unter denen die Willenserklärung eines Individuums ... als Staatswillenserklärung aufzufassen sei"[72]. Denn das Völkerrecht, so führte der Autor an anderer Stelle aus, regele allein das Zusammenleben der Staaten, und erst deren „durch eigene Rechtssätze bewirkte Organisation" mache die Staaten „willens- und handlungsfähig". So oft das Völkerrecht daher an eine Willensbetätigung des Staates rechtliche Folgen knüpfe, beziehe „es sich auf diejenigen orga-

---

[66] Ebd., 160.
[67] *Triepel*, Heinrich, Völkerrecht und Landesrecht, Leipzig 1899.
[68] Das differenzierte System möglicher Verweisung, das Triepel bei dieser Gelegenheit entwickelte, sollte auch in anderen Bereichen der Rechtswissenschaft allgemeine Anerkennung finden. Vgl. hierzu *Bernardini*, 73 ff.
[69] *Triepel*, 235 f.
[70] Ebd., 235.
[71] Ebd., 236.
[72] Ebd., 236. Hervorhebung im Original.

nisatorischen Regeln des staatlichen Rechts, aus denen sich ergibt, welcher Wille welcher Individuen als Staatswille, welche Handlung welcher Individuen und unter welcher Voraussetzung sie als Staatshandlung zu betrachten ist"[73]. Schränke daher das Verfassungsrecht eines Staates die Kompetenz eines Organs derart ein, „daß ohne Hinzutritt des Willens des zweiten Organes der Wille des ersten *unfähig* sein soll, den Staatswillen zu bilden", so folge daraus zwingend, „daß der *ohne* die verlangte Mitwirkung geäußerte Wille des staatlichen Repräsentanten auch für das Völkerrecht als Staatswille nicht in Betracht kommen, eine gültige Vertragserklärung nicht herstellen kann"[74].

Anders sei es hingegen dann, wenn die betreffenden Verfassungsbestimmungen lediglich ein *Verbot* an das Staatsoberhaupt richteten, ohne an die Übertretung des Verbotes die Rechtsfolge der „Nichtigkeit" des Aktes zu knüpfen[75]. In diesen Fällen fehle eine völkerrechtliche Norm, die durch Verweisung die betreffenden Verfassungsvorschriften für völkerrechtlich relevant erkläre[76].

So gelte die Willenserklärung einer nach staatlichem Recht zur Repräsentation „legitimierten" Person „nach dem allgemeinen Völkerrechtssatz *immer* als *unbedingt* wirksam, — auch wenn die landesrechtlichen Voraussetzungen fehlen sollten, ohne die der Repräsentant nicht nach außen handelnd auftreten soll"[77].

Ob aber einer konkreten Verfassungsbestimmung die eine oder die andere Bedeutung zukomme, lasse sich nur im Wege ihrer Auslegung ermitteln[78].

3. Die Bedeutung der Lehren von Heilborn und Triepel für die Fragestellung in Deutschland

Mit den Thesen von *Heilborn* und *Triepel* vollzog sich in der deutschen Literatur ein Wandel in der Problembehandlung, der jedoch weniger in einer Änderung der Fragestellung, als vielmehr in einer Verfestigung und Erweiterung der Erkenntnisse *Tezners* seinen Ausdruck fand.

War es noch anfangs *Tezner* als das große Verdienst angerechnet worden, deutlich gemacht zu haben, daß allein das Völkerrecht die Voraussetzungen der Gültigkeit völkerrechtlicher Verträge festlegen könne[79], so schien bereits wenig später die Zuständigkeit des Völkerrechts derart „unzweifelhaft" festzustehen, daß es geradezu erstaunlich schien, daß sie

---
[73] Ebd., 231.
[74] Ebd., 238. Hervorhebung im Original.
[75] Ebd., 239.
[76] Ebd., 240 ff. Hervorhebung im Original.
[77] Ebd., 243.
[78] Ebd., 239.
[79] Vgl. *Heilborn*, 144, 161.

überhaupt je verkannt worden war[80]. Hatten noch vor wenigen Jahren die Staatsrechtler versucht, die neu entstandenen Fragen durch eine Interpretation konkreter Verfassungsbestimmungen zu lösen, so schienen sie nunmehr so eindeutig dem Bereich des Völkerrechts anzugehören, daß ihre Behandlung geradezu zu einer Domäne der Völkerrechtler wurde. Kurz, die Verlagerung der Problematik aus dem Bereich des Verfassungsrechts in den des Völkerrechts, die sich bereits in einigen Wendungen der frühen Staatsrechtler angedeutet hatte[81], vollzog sich mit den Thesen von *Heilborn* und *Triepel* endgültig.

All dies machte aber zugleich den Weg für weitergehende Untersuchungen frei. Hatte noch *Tezner* allein das Anliegen verfolgt, in Kritik der Staatsrechtler die ausschließliche Zuständigkeit des Völkerrechts zur Regelung der Gültigkeitsfrage zu begründen, so bemühten sich nunmehr *Heilborn* und *Triepel* von der Erkenntnis Tezners als feststehend ausgehend darum, den Inhalt der entsprechenden Völkerrechtsnorm zu bestimmen. Dennoch blieb dieses Bemühen auf Grund der historischen Entwicklung des Problems von Anfang an in seiner Tragweite begrenzt. Denn statt tatsächlich und unvoreingenommen die Tatbestandsmerkmale der völkerrechtlichen Norm über die Gültigkeit von Verträgen zu definieren, folgten beide Autoren nach wie vor lediglich der überkommenen Fragestellung und untersuchten nach wie vor lediglich das Problem der Geltung der kompetenzbeschränkenden Vorschriften des Verfassungsrechts gegenüber dem Vertragspartner, suchten die Antwort hierauf nunmehr allerdings allein in einer Analyse des Völkerrechts.

Allein dieser Ansatz der Betrachtungen konnte schließlich aber auch die Frage nach der zuständigen Rechtsordnung zur Bestimmung der Kompetenz staatlicher Stellen entstehen lassen. Denn gingen auch Heilborn und Triepel teils stillschweigend, teils ausdrücklich erstmalig und zutreffend davon aus, daß das Völkerrecht allein das Zusammenleben *der Staaten* untereinander regeln und daher auch nur Handlungen *der Staaten* in Betracht ziehen könne, so verbanden sie durch ihre weitere Fragestellung diese Feststellung doch sogleich mit der überkommenen — wenn auch bisher unausgesprochenen — Vorstellung, Voraussetzung für die völkerrechtliche Gültigkeit von Staatshandlungen sei die durch Rechtssatz verliehene Kompetenz der für den Staat handelnden Stellen, und nahmen damit der zutreffenden Ausgangserkenntnis jede Bedeutung für die weitere Argumentation. Statt von dem richtigen Ansatzpunkt ausgehend zu ermitteln, welche *Tatsachen* das Völkerrecht zum Gegenstand seiner rechtlichen Wertungen macht und welche Wertungskriterien es hierbei verfolgt, um von der Existenz eines staatlichen Wil-

---
[80] Vgl. so bereits *Triepel*, 236.
[81] Vgl. oben S. 20.

lens und Handelns auszugehen, führten sie durch ihre Fragestellung nunmehr auch auf dogmatischer Ebene eine Verbindung zwischen der Gültigkeitsfrage einerseits und der Kompetenzfrage andererseits in die Diskussion ein. Die durch Rechtssatz verliehene Kompetenz staatlicher Stellen erschien nach den Lehren von Heilborn und Triepel endgültig als ein Tatbestandsmerkmal der völkerrechtlichen Norm über die Gültigkeit von Staatsverträgen, das als Tatbestandsmerkmal einer *Völkerrechts*norm notwendigerweise dem Regime des Völkerrechts unterworfen schien. Es blieb damit lediglich festzustellen, ob das Völkerrecht die Kompetenzzuweisung im Sinne Heilborns in autonomer Weise vornehme oder ob es hierzu im Sinne Triepels auf die Vorschriften des Landesrechts verweise.

3. Abschnitt: Die Fragestellung in Deutschland

Mit den Thesen von *Heilborn* und *Triepel* hatte die Auseinandersetzung in Deutschland ihren Höhepunkt erreicht, und obwohl die Ausführungen beider Autoren — bedingt durch die historische Entwicklung des Problems — in rechtstheoretischer Hinsicht manche Lücke aufwiesen, sollte mit ihnen das Feld der dogmatischen Grundlagenforschung bereits wieder verlassen werden. So blieb auch die deutsche Lehre stets durch die historische Entwicklung des Problems geprägt.

Wie die gesamte Problematik als Problem der Gültigkeit völkerrechtlicher Verträge entstanden war, so bildete auch in Zukunft die Gültigkeitsfrage Mittelpunkt und Ausgangspunkt jeglicher Diskussionen, der gegenüber die Frage nach der zuständigen Rechtsordnung zur Bestimmung der Kompetenz staatlicher Stellen nie eine selbständige Untersuchung erfahren sollte. Denn während die Verfassungsrechtler über die Weimarer[82] bis in die heutige Zeit[83] nicht selten den Gedankengängen der frühen Staatsrechtler folgten[84], sollten im Bereich der völkerrechtlichen Literatur die Grundkonzeptionen von Heilborn und Triepel kaum noch angezweifelt, sondern im Gegenteil sogar zumeist mehr oder weniger stillschweigend zur Grundlage weiterer Überlegungen gemacht werden. Kaum angezweifelt wurde dabei insbesondere die Vorstellung, die Kompetenz staatlicher Stellen stelle eine Voraussetzung für die Gültigkeit völkerrechtlicher Verträge dar. So erschienen beide Fragen als „unlösbar" miteinander verbunden, erschien die Kompetenzfrage immer deutlicher als eine „Vorfrage" der Gültigkeitsfrage, die in ihrer Lösung durch die Zuständigkeit des Völkerrechts zur Bestimmung der Voraus-

---

[82] Vgl. so z. B. *von Liszt/Fleischmann*, 254 ff.; *Bittner*, 81 ff.; zur Diskussion unter der Weimarer Verfassung vgl. *Menzel*, Anm. 8 zu Art. 59; *Pigorsch*, 78 f.
[83] Vgl. z. B. *v. Mangoldt/Klein*, Anm. IV, 8 zu Art. 59.
[84] Dies bemängelt zu Recht *Menzel*, Anm. 8 zu Art. 59.

setzungen der Gültigkeit völkerrechtlicher Verträge präjudiziert war und daher insoweit scheinbar keiner weiteren dogmatischen Untersuchung mehr bedurfte. Die grundsätzliche Zuständigkeit des Völkerrechts zur Bestimmung der Kompetenz staatlicher Stellen erschien im Gegenteil so eindeutig, daß sie allenfalls in einigen beiläufigen Wendungen vermerkt wurde[85]. Während sich im übrigen die These Triepels[86] im Laufe der Zeit — geradezu stillschweigend — immer mehr gegenüber der These Heilborns[87] durchsetzte[88], beschränkte sich so die weitere Auseinandersetzung im wesentlichen auf die (völkerrechtliche) Frage nach dem Umfang der Verweisung des Völkerrechts auf das Landesrecht[89] und, da die allgemeine Kompetenz des abschließenden Organs als Voraussetzung der Gültigkeit der Verträge nicht in Frage gestellt wurde, damit erneut auf die Frage nach der völkerrechtlichen Relevanz bzw. Irrelevanz der *kompetenzbeschränkenden* Normen des Verfassungsrechts[90]. Dabei wurden die unterschiedlichen Ergebnisse — letztlich in Fortführung des Streites um die Geltung des Satzes von Ulpian — im wesentlichen allein durch die unterschiedlichen Ansichten darüber getragen, ob es den vertragschließenden Parteien gestattet sei oder nicht gestattet sei, sich in „die inneren Angelegenheiten" des anderen Staates „einzumischen", um sich die erforderliche Kenntnis von dessen organisatorischer Struktur zu verschaffen, oder ob im Interesse der Rechtssicherheit oder des Vertrauensschutzes jeder Staat durch die Willenserklärung

---

[85] Vgl. jedoch *Meyer-Lindenberg*, Völkerrecht, 47, 89; *Pigorsch*, 80; *von Liszt/ Fleischmann*, 183, die mit ebenso beiläufigen Bemerkungen von einer Zuständigkeit des Landesrechts ausgehen.

[86] Wie Triepel z. B. *von der Heydte*, 77; *Sauer*, Ernst, 166; *Berber*, 272, 468; *Verdross*, 159; *Meyer-Lindenberg*, Organe, 668 ff.; *Maunz*, Randnummer 28; *Geck*, Die völkerrechtlichen Wirkungen, 77 ff., 86.

[87] Wie Heilborn, z. B. *Sauer*, Wilhelm, 413. Siehe auch *Menzel*, Völkerrecht, 225 f.

[88] Abgesehen von den offensichtlichen Schwächen der These Heilborns liegt der Grund hierfür vermutlich in der Tatsache, daß es der Gedanke der Verweisung zu gestatten schien, eine historisch gewachsene Überzeugung mit einer dogmatisch begründeten Erkenntnis zu vereinbaren, nämlich die Überzeugung, daß allein das Landesrecht die Kompetenz staatlicher Stellen regeln könne, mit der Erkenntnis, daß die Voraussetzungen der Gültigkeit völkerrechtlicher Verträge allein vom Völkerrecht bestimmt werden können. In Wahrheit führte zu diesem scheinbaren Widerspruch aber allein die verfehlte Fragestellung der deutschen Lehre.

[89] Lediglich die Ausführungen von *Geck* (Die völkerrechtlichen Wirkungen, 77 ff.) enthalten in neuerer Zeit eine Auseinandersetzung mit den widerstreitenden Grundkonzeptionen.

[90] Dabei übernahm die Literatur — teils ausdrücklich, teils stillschweigend und vielleicht auch unbewußt (vgl. ähnlich *Geck*, Die völkerrechtlichen Wirkungen, 29, 32) — eine Unterscheidung, die bereits *Heilborn* (154) vorgezeichnet hatte, nämlich die Unterscheidung zwischen der Kompetenz zur Willens*erklärung* und der Kompetenz zur Willens*bildung*. In diesem Sinne z. B. *Schmitz*, 314, 362; *Verdross*, 163; *Maunz*, Randnummer 18; *Geck*, Die völkerrechtlichen Wirkungen, 29, 77 ff.; *ders.*: Conclusion, 439 ff.; *contra: Berber*, 468.

eines grundsätzlich zuständigen Organs gebunden sei[91]. Der Bereich abstrakter und rechtstheoretischer Überlegungen sollte hingegen nie mehr betreten werden.

---

[91] Vgl. z. B. *Schmitz*, 363 ff.; *Mosler*, Die völkerrechtlichen Wirkungen, 167; *Pigorsch*, 79 f.; *Grewe*, 135; *Menzel*, Völkerrecht, 255; ders.: Anm. 8 zu Art. 59; ders.: Gutachten, 134; *Forsthoff*, 357; *Maunz*, Randnummern 18, 29, 30; *Berber*, 468 f.; *Seidl-Hohenveldern*, 57 ff.

2. Kapitel

Die Entwicklung der Fragestellung in Italien

Während in Deutschland die Frage nach den völkerrechtlichen Wirkungen verfassungswidriger Verträge und damit auch die nach der zuständigen Rechtsordnung zur Bestimmung der Kompetenz staatlicher Stellen — jedenfalls in rechtsdogmatischer Hinsicht — durch die Lehren von *Heilborn* und insbesondere von *Triepel* bereits gelöst schienen, fand in Italien die Diskussion dieser Fragen gerade erst in der Auseinandersetzung mit diesen beiden Autoren ihren Anfang. Folgte die italienische Lehre dabei zunächst auch der von der deutschen Lehre geprägten Fragestellung, so sollte es ihr doch recht bald gelingen, sich von dieser zu lösen und damit auch die Kompetenzfrage aus ihrer Abhängigkeit von der Gültigkeitsfrage zu befreien. Das Verdienst hieran kommt im wesentlichen drei Autoren zu, die mit einer berühmten Ausnahme in Deutschland nahezu unbekannt geblieben sind: *Donato Donati, Dionisio Anzilotti* und *Mario Marinoni*. Es sind die Thesen dieser drei Autoren, die die gesamte spätere Auseinandersetzung in Italien entscheidend prägten.

1. Abschnitt: Die Begründer der italienischen Lehre

1. Die Theorie von Donati

Bereits der erste Autor Italiens, der dem gesamten Problemkreis eine eingehende Untersuchung widmete, *Donati*[1], bekannte sich entschieden zur der Auffassung, daß allein das Verfassungsrecht der Staaten die Kompetenz staatlicher Stellen regeln könne, und bemühte sich auf der Grundlage dieser Erkenntnis darum, auch die von ihm — im Gegensatz zu den frühen Staatsrechtlern in Deutschland[2] — als Problem *des Völkerrechts* erkannte Frage nach den völkerrechtlichen Wirkungen verfassungswidriger Verträge zu lösen. So gelangte bereits Donati zu einer ersten positiven Abgrenzung zwischen dem Regelungsgegenstand von Völkerrecht und Landesrecht im fraglichen Bereich. Er legte damit die

---
[1] *Donati*, Donato, I trattati internazionali nel diritto costituzionale, Roma, Napoli, Milano 1906.
[2] Vgl. oben 1. Kap., 1. Abschnitt, Ziff. 2.

2. Kap.: Die Entwicklung in Italien

Grundlagen zu einer Ansicht, die für nahezu die gesamte italienische Lehre bestimmend sein sollte, nämlich zu der Vorstellung, daß das Verfassungsrecht hinsichtlich der Kompetenzfrage und das Völkerrecht hinsichtlich der Gültigkeitsfrage grundsätzlich unabhängig voneinander unterschiedliche Sachverhalte regeln.

Völkerrecht und Landesrecht, so lehrte der Autor in Anschluß an *Triepel*, könnten stets nur unterschiedliche Materien regeln, so daß ein und dasselbe Rechtsproblem nie gleichzeitig Regelungsgegenstand sowohl der einen als auch der anderen Rechtsordnung sein könne[3]. So stelle auch der völkerrechtliche Vertrag, selbst wenn er von beiden Rechtsordnungen in Betracht gezogen werde, keinesfalls ein *gemeinsam* zu regelndes Problem dar, sondern setze sich aus einer Reihe von Einzelfragen zusammen, die teils in die Regelungskompetenz des Völkerrechts, teils in die des Landesrechts fielen[4].

Als *völkerrechtliches Rechtsgeschäft* unterliege der völkerrechtliche Vertrag der ausschließlichen Regelungsbefugnis des Völkerrechts. Dieses allein könne daher die Voraussetzungen für das Zustandekommen der Verträge und für ihr Erlöschen normieren, allein ihre Rechtswirkungen und die Voraussetzungen ihrer Gültigkeit festlegen und allein bestimmen, welchem Personenkreis in welchen Grenzen und unter welchen Bedingungen die Fähigkeit zukomme, völkerrechtliche Verträge zu schließen, welchen Personen also die völkerrechtliche Geschäftsfähigkeit zukomme[5]. Diese Geschäftsfähigkeit erkenne das Völkerrecht allein den Staaten zu, denn diese seien auch die einzigen Parteien des Vertrages.

Eine andere Frage sei hingegen die, durch welche Organe die Staaten in Ausübung der ihnen vom Völkerrecht verliehenen Geschäftsfähigkeit handelten, die Frage also nach der Kompetenz der für den Staat handelnden Stellen. Diese Frage aber, das heißt also die Bestimmung des zum Vertragsschluß befugten Organs sowie die Festlegung der Grenzen und der Bedingungen dieser Befugnisse, unterliege „nicht nur ... der natürlichen, sondern auch der ausschließlichen Kompetenz des Verfassungsrechts"[6]. Der *natürlichen* Kompetenz des Verfassungsrechts, da nach einem allgemeinen Rechtsgrundsatz jede juristische Person in Ermangelung einer entgegenstehenden Norm des objektiven Rechts durch ihre eigene Verfassung bestimmen könne, welches Organ die Befugnis haben soll, für sie zu handeln[7]. Der *ausschließlichen* Kompetenz des Verfassungsrechts, da das Völkerrecht eine solche entgegenstehende Norm nicht enthalte und darüber hinaus auch gar nicht enthalten könne. Denn

---
[3] Ebd., 36.
[4] Ebd., 38.
[5] Ebd., 89 f.
[6] Ebd., 92.
[7] Ebd., 92 f.

setze, wie allgemein angenommen werde, das Verhältnis der „Organschaft"Rechtsbeziehungen zwischen dem Staat und seinen Organen sowie Rechtsbeziehungen zwischen den einzelnen Organen des Staates voraus, so könne es auch vom Völkerrecht, das allein die Rechtsbeziehungen zwischen den Staaten regele, nicht erfaßt werden[8]. Fehle aber den natürlichen Personen die Völkerrechtssubjektivität, so könne ihnen das Völkerrecht auch nicht durch Rechtssatz eine Organstellung zuweisen[9]. Vielmehr könne es allenfalls den Staaten bei der von ihnen vorzunehmenden Regelung der Kompetenzfrage gewisse Befehle oder Verbote erteilen, jedoch habe es selbst von dieser Möglichkeit keinen Gebrauch gemacht[10]. So sei also allein das Verfassungsrecht berufen, „die Bedingungen für die Existenz eines staatlichen Willens festzulegen, das heißt also das zur Willensbildung zuständige Organ zu bestimmen, sowie die Grenzen und die Bedingungen zu normieren, unter denen der von dem Organ erklärte Wille als Wille des Staates gelten soll; dem Völkerrecht hingegen obliegt es, die Bedingungen festzulegen, unter denen ein staatlicher Wille, der als solcher in Übereinstimmung mit den Normen des Verfassungsrechts besteht, ein gültiges Rechtsgeschäft ins Leben rufen kann und unter denen dieses seinerseits Rechtswirkungen erzeugen kann"[11].

Diese Grundsätze erklärten auch die rechtliche Bedeutung solcher Verfassungsbestimmungen, die die generelle Abschlußkompetenz des Staatsoberhauptes einschränkten sowie ihren eventuellen Einfluß auf die Gültigkeit völkerrechtlicher Verträge. Stelle die von der Verfassung geforderte parlamentarische Zustimmung ein integrierendes Element oder eine Voraussetzung für die *Existenz* des staatlichen Willens dar, so sei ohne diese Zustimmung ein staatlicher Wille eben nicht existent und damit könne auch kein gültiger Vertrag zustande kommen. Die Ungültigkeit des Vertrages ergebe sich dabei aber nicht etwa unmittelbar aus der Verletzung verfassungsrechtlicher Vorschriften, sondern aus der Tatsache, daß ein staatlicher Wille, der als solcher Gegenstand einer rechtlichen Qualifizierung von seiten des Völkerrechts sein könnte, überhaupt fehle[12]. Sehe hingegen eine Verfassungsbestimmung die parlamentarische Zustimmmung ausdrücklich[13] lediglich als Bedingung für die Gültigkeit des Vertrages vor, so sei eine solche Bestimmung grundsätzlich völkerrechtlich unbeachtlich, denn eine völkerrechtliche Verweisungsnorm, die allein diese Bedingung zu einer conditio iuris für die Gültigkeit des Vertrages machen könnte, bestehe nicht. So könne denn einer solchen Bestimmung im Bereich des Völkerrechts allenfalls die Bedeutung einer

---
[8] Ebd., 94.
[9] Ebd., 100.
[10] Ebd., 95.
[11] Ebd., 108 f.
[12] Ebd., 534 f.
[13] Ebd., 535 ff.

2. Kap.: Die Entwicklung in Italien

conditio facti zukommen, jedoch nur dann, wenn die zum Vertragsschluß berufenen Organe die verfassungsrechtlich geforderte parlamentarische Zustimmung ausdrücklich auch mit dem Vertragspartner vereinbart hätten[14]. Dementsprechend liege auch die allgemeine Bedeutung der genannten Verfassungsbestimmungen gerade darin, das Staatsoberhaupt (verfassungsrechtlich) zu verpflichten, eine Erklärung entsprechenden Inhalts abzugeben. Verletze das Staatsoberhaupt aber diese Verpflichtung, so bleibe die Gültigkeit des völkerrechtlichen Vertrages davon gleichwohl unberührt[15].

Ist auch der Einfluß der These *Triepels* auf die Lehre *Donatis* nur allzu deutlich, so sind doch auf der anderen Seite auch die Unterschiede in der Argumentation beider Autoren und insbesondere eine Verlagerung der Schwerpunkte in der Fragestellung nicht zu übersehen. Denn hatte noch *Triepel* die in der Diskusson der frühen Staatsrechtler begründete Frage nach dem Einfluß der kompetenzbeschränkenden Vorschriften des Verfassungsrechts auf die Gültigkeit völkerrechtlicher Verträge in den Mittelpunkt seiner Überlegungen gestellt und dabei den rechtstheoretischen Grundsatzfragen nach der zuständigen Rechtsordnung zur Bestimmung der Kompetenz staatlicher Stellen und zur Festlegung der Voraussetzungen der Gültigkeit völkerrechtlicher Verträge nur noch einige wenige, mehr oder weniger apodiktische Feststellungen gewidmet, so wandte *Donati* gerade diesen beiden Fragen sein Hauptinteresse zu, machte sie sogar zum Ausgangspunkt seiner Betrachtungen und erhob sie damit — teils erstmalig, teils erneut — aus dem Gebiet der beiläufigen Feststellungen in den Bereich der wissenschaftlichen Argumentation. Während *Triepel* schließlich allein die völkerrechtliche Frage untersucht hatte, ob die kompetenzbeschränkenden Vorschriften des Verfassungsrechts für das Völkerrecht relevant seien oder nicht, bemühte sich *Donati* zunächst einmal und erstmalig darum, in rechtstheoretischen Überlegungen den Regelungsgegenstand beider Rechtsordnungen im fraglichen Bereich zu definieren und aus diesen Überlegungen neben der Zuständigkeit des Völkerrechts zur Regelung der Gültigkeitsfrage auch die Zuständigkeit des Landesrechts zur Regelung der Kompetenzfrage wissenschaftlich zu begründen. Damit erschien aber in der Theorie Donatis — anders als in den Lehren der deutschen Autoren — von vornherein die Kompetenzfrage nicht mehr als eine „Vorfrage" der Gültigkeitsfrage, beide Fragen nicht mehr „notwendigerweise" miteinander verbunden und die Lösung der ersteren nicht mehr durch die Lösung der letzteren präjudiziert, sondern beide als selbständige, grundsätzlich voneinander unabhängige Rechtsprobleme, deren jeweilige Bedeutung im Rahmen des Vertragsschlußprozesses gegeneinander abzugrenzen, sich als die Hauptaufgabe zur Lösung der Gesamtproblematik darstellte.

---
[14] Ebd., 537 ff.
[15] Ebd., 541 f.

Gerade in dieser Präzisierung und Vertiefung der Fragestellung, in der sich andeutenden Auflösung der von den deutschen Autoren begründeten Verbindung zwischen der Gültigkeitsfrage und der Kompetenzfrage also, liegt die Bedeutung der These Donatis für die Entwicklung der italienischen Lehre. Stets geleitet von dem Bemühen, zunächst die Elemente des Vertragsschließungsprozesses anhand abstrakter Überlegungen zu definieren, um sodann ihre Regelung der einen oder der anderen Rechtsordnung zuzuweisen, sollte in der Lehre Italiens anders als in der Deutschlands zu keinem Zeitpunkt der Gedanke aufkommen, aus der Zuständigkeit des Völkerrechts zur Bestimmung der Voraussetzungen der Gültigkeit völkerrechtlicher Verträge folge notwendigerweise zugleich dessen Zuständigkeit zur Regelung der Kompetenz staatlicher Stellen[16]. Die Gültigkeitsfrage und die Kompetenzfrage erschienen vielmehr von Anfang an als voneinander unabhängig, und so setzte sich von Anfang an in Italien die Ansicht durch, daß das Völkerrecht hinsichtlich der ersteren und das Landesrecht hinsichtlich der letzteren grundsätzlich autonom und unabhängig voneinander unterschiedliche Sachverhalte regeln[17]. Alle weiteren Überlegungen dienten allein der Aufgabe, den Inhalt und den Regelungsgegenstand der entsprechenden Völkerrechtsnorm sowie den der entsprechenden Norm des Landesrechts genauer zu bestimmen. Diese Aufgabe sollte aber die Diskussion der italienischen Autoren bald über den engen Rahmen der völkerrechtlichen Verträge hinaus zu der allgemeinen Frage nach dem Handeln des Staates im Bereich des Völkerrechts schlechthin führen.

Jedoch auch für diese Fragestellung bieten die Überlegungen *Donatis* bereits erste Anhaltspunkte. Denn hatte noch *Triepel* entsprechend der historisch geknüpften Verbindung zwischen der Gültigkeits- und der Kompetenzfrage die Frage untersucht, ob das Völkerrecht *„zur Ausfüllung des eigenen Tatbestandes"* auf die *verfassungsrechtlichen Wertungen* verweist, blieb für *Donati* von vornherein die *rechtliche* Relevanz des Verfassungsrechts *als Rechtsnormen* allein auf das Landesrecht beschränkt. So konnte sich nach Donati das Völkerrecht diese verfassungsrechtlichen Wertungen auch nicht zu eigen machen, vielmehr waren diese allein geeignet, der Völkerrechtsnorm ein (Tatsachen-)Element zur Verfügung zu stellen, das das Völkerrecht seinerseits zum Gegenstand einer rechtlichen Wertung und zum Tatbestandsmerkmal der Norm über die Gültigkeit von Staatsverträgen macht, nämlich das Element „staatlicher Wille". Nicht die verfassungsrechtlichen Wertungen als solche, sondern

---

[16] Die gleichwohl später in Italien vertretene Ansicht, daß grundsätzlich allein das Völkerrecht zur Bestimmung der Kompetenz staatlicher Stellen befugt sei, beruht, was zumeist im Ausland unerkannt bleibt, auf anderen Erwägungen. Vgl. ausführlich unten II. Teil, 2. Kap.

[17] Diese Erkenntnis erschien in der Folgezeit einigen Autoren offenbar so eindeutig, daß sie sogar auf weitere Darlegungen hierzu verzichteten. Vgl. z. B. *Fedozzi*, 437 ff.

die Existenz eines staatlichen Willens waren demnach für Donati entscheidend für die Gültigkeit eines völkerrechtlichen Vertrages[18].

Gerade die hierauf bezogenen Feststellungen aber ließen die Überlegungen *Donatis* letztlich genauso einseitig erscheinen, wie die der von ihm kritisierten Autoren. Hatte nach diesen die Lösung der völkerrechtlichen Frage nach der Gültigkeit völkerrechtlicher Verträge die Beantwortung der Frage nach der zuständigen Rechtsordnung zur Bestimmung der Kompetenz staatlicher Stellen konditioniert, so konditionierte nach Donati die verfassungsrechtliche Regelung der Kompetenzfrage letztlich die Lösung des völkerrechtlichen Problems der Gültigkeit dieser Verträge. Denn da das Merkmal „staatlicher Wille" — im Grunde auch für Donati — keine Tatsache, sondern das Ergebnis einer verfassungsrechtlichen Wertung ist, unterstellt der Autor mit der Feststellung, ein nach den Bestimmungen des Verfassungsrechts nicht existenter Wille könne zu keinem gültigen Vertrag führen, stillschweigend, daß sich das Völkerrecht für seine eigenen Zwecke die rechtlichen Wertungen des Verfassungsrechts zu eigen mache. Er überläßt damit nicht, wie es — solange er eine Verweisung des Völkerrechts auf das Landesrecht ablehnt — an sich zutreffend wäre, dem Völkerrecht die autonome rechtliche Qualifizierung der für seinen Bereich relevanten Tatsachen und die Bestimmung der Rechtsfolgen, die sich aus diesen Tatsachen ergeben sollen. Damit versäumt er es aber zugleich festzustellen, welche Tatsachen das Völkerrecht zum Gegenstand seiner Betrachtungen macht, um für seinen Bereich von der Existenz eines staatlichen Willens auszugehen.

Dieses Versäumnis Donatis ist ohne Zweifel zu einem nicht unerheblichen Teil auf die Übernahme der Organtheorie, nach der sich die Handlungen der Organe auch in materieller Hinsicht als Handlungen des Staates darstellen[19], zurückzuführen und konnte damit letztlich erst nach Aufgabe dieser Ansicht überwunden werden. Ihrer Überwindung stand jedoch gewiß auch die aus der dualistischen Vorstellung, daß Völkerrecht und Landesrecht nie gleichzeitig denselben *Sachverhalt* regeln können, abgeleitete irrige Annahme entgegen, daß danach auch *die gleichen Tatsachen* nie gleichzeitig Gegenstand einer rechtlichen Qualifikation von seiten beider Rechtsordnungen sein könnten.

Diesen Irrtum — vielleicht auch unbeabsichtigt — bewußt gemacht und zugleich auch (erneut) die Autonomie des Völkerrechts bei der Vornahme seiner rechtlichen Wertungen verdeutlicht zu haben, ist das Ver-

---

[18] Zu nahezu identischen Überlegungen und Ergebnissen wie *Donati* gelangte — kennzeichnenderweise in einer Auseinandersetzung mit der ersten Stellungnahme *Anzilottis* — in Deutschland Schoen, dessen Ausführungen hier jedoch kaum Beachtung fanden. Vgl. Schoen, Die völkerrechtliche Bedeutung, 400 ff.; ders.: Staatsverträge, 658 ff.
[19] Vgl. II. Teil, 1. Kap., Ziff. 1.

dienst von *Dionisio Anzilotti*, der so bereits mit seiner ersten Stellungnahme einen weiteren entscheidenden Beitrag zur Entwicklung der italienischen Lehre leistete.

2. Die Theorie von Anzilotti (1. Version)

Wie diese These *Donatis*, so steht auch die Lehre *Anzilottis*[20] zunächst unter dem deutlichen Einfluß der Lehre *Triepels*, jedoch läßt sich nunmehr auch der Einfluß der Lehre Donatis nicht mehr verleugnen. Kennzeichnend ist hierfür insbesondere die Fragestellung, denn gleich jenem stellt auch *Anzilotti* das Bemühen, den Regelungsgegenstand von Völkerrecht und Landesrecht im fraglichen Bereich aus rechtstheoretischen Überlegungen zu bestimmen, sogleich an den Beginn seiner Betrachtungen.

Als völkerrechtliches Rechtsgeschäft, so führte der Autor aus, könne der völkerrechtliche Vertrag allein vom Völkerrecht regiert werden. Dieses allein könne die Voraussetzungen für sein gültiges Zustandekommen sowie die Rechtsfolgen, die sich bei Fehlen dieser Voraussetzungen ergeben sollen, festlegen. Es sei sogar unmöglich anzunehmen, daß das Landesrecht eines Staates in der Lage sei, an eine Willenserklärung dieses Staates Rechtsfolgen zu binden, die im Bereich der zwischenstaatlichen Beziehungen zu wirken bestimmt seien[21]. Ebenso sicher sei auf der anderen Seite, daß sich das Zustandekommen einer staatlichen Willenserklärung allein nach dem innerstaatlichen Recht richten könne. Denn staatlicher Wille sei stets der Wille einer solchen natürlichen Person, der die Rechtsordnung des fraglichen Staates die Fähigkeit zugestanden habe, diesen Willen zu bilden und zu erklären, kurz, die er zu seinem Organ berufen habe. Die Bestellung der Organe, „die Bestimmung der Voraussetzungen ihrer Existenz und ihrer Tätigkeit, die Zuteilung und die Abgrenzung ihrer Zuständigkeiten (seien) nichts anderes als die Organisation oder die Verfassung des Staates; in ihr und daher in dem Recht, das sie regelt, findet die Fähigkeit, den Willen und das Handeln des Staates zum Ausdruck zu bringen, ihre Grundlage und Wurzel"[22]. Daher auch könnten „die Kompetenz der Organe, oder allgemein gesprochen, die Bedingungen, durch deren Zusammenwirken das Wollen und Handeln bestimmter Einzelpersonen sich als das Wollen und Handeln der juristischen Person, also des Staates, darstellen, einzig und allein durch das innerstaatliche Verfassungsrecht bestimmt" werden[23].

---

[20] *Anzilotti*, Dionisio, Volontà e responsabilità nella stipulazione dei trattati internazionali, in: Opere di Dionisio Anzilotti, Vol. II, Tomo 1 (Padova 1956), 543 ff.
[21] Ebd., 546.
[22] Ebd., 550.
[23] Ebd., 550.

2. Kap.: Die Entwicklung in Italien

Binde folglich das Völkerrecht das Entstehen gewisser Rechte und Pflichten an eine Willenserklärung des Staates, so beziehe es sich „ohne jeden Zweifel auf diejenige Erklärung, die rechtlich gesehen eine Willenserklärung des Staates" darstelle[24] und damit „notwendigerweise auf das innerstaatliche öffentliche Recht, um (danach) zu bestimmen, ob derjenige, der diesen Willen erklärt hat, mit der rechtlichen Befugnis ihn zu erklären ausgestattet war"[25]. Werde daher die Willenserklärung von einem nach der Verfassung unzuständigen Organ abgegeben, so werde sie auch im Völkerrecht nicht *als Willenserklärung* in Betracht gezogen und könne dementsprechend auch nicht *als Willenserklärung* für den betreffenden Staat Rechte und Pflichten erzeugen[26].

Aus alledem folge jedoch nicht, daß — wie Triepel annehme — die Willenserklärung eines unzuständigen Organs auch notwendigerweise ohne jegliche rechtliche Wirkung sei. So stelle zwar die auf den Vertragsschluß gerichtete Willenserklärung des Staatsoberhauptes, die dieses ohne die geforderte Mitwirkung des Parlamentes abgegeben habe, nach dem Verfassungsrecht gewiß eine rechtswidrige Handlung dar, daraus folge aber nicht ohne weiteres, daß der betreffende Vertrag auch nach dem Völkerrecht nichtig sei[27]. Das Verfassungsrecht habe mit der Feststellung der Inkompetenz des erklärenden Organs seine Aufgabe erfüllt, nur das Völkerrecht könne sodann bestimmen, wie im Bereich der zwischenstaatlichen Beziehungen eine Willenserklärung eines unzuständigen Organs zu beurteilen sei, denn der auf den Vertragsschluß gerichteten Willenserklärung komme lediglich im Bereich des Völkerrechts rechtliche Relevanz zu, daher könne auch allein das Völkerrecht deren Rechtswirkungen bestimmen[28].

Das Völkerrecht aber kenne, ebenso wie das Recht allgemein, viele Fälle, in denen die Handlung eines unzuständigen Organs gleichwohl dem Staat zugerechnet werde und für diesen Rechtswirkungen erzeuge[29]. Allen diesen Fällen liege eine Interessenabwägung zugrunde, und so könne sich auch im konkreten Fall die zutreffende Lösung nur aus einer gerechten Abwägung der gegenseitigen Interessen der Vertragsparteien ergeben: der Interessen des betroffenen Staates an der Nichtbeachtung des in Widerspruch zu seiner Verfassung zustande gekommenen Aktes auf der einen und der Interessen des Vertragspartners, diesen Staat gleichwohl an der Erklärung festzuhalten, auf der anderen Seite[30].

---

[24] Ebd., 569.
[25] Ebd., 550.
[26] Ebd., 569.
[27] Ebd., 556 ff.
[28] Ebd., 565.
[29] Ebd., 557 ff., 562 ff.
[30] Ebd., 559 ff., 569 ff.

Eine Abwägung dieser Interessen laufe aber letztlich auf die Frage hinaus, „in welcher Position sich der Staat gegenüber der Willenserklärung des Organs eines anderen Staates befindet"[31], oder genauer, ob jeder Staat verpflichtet sei, die Legitimation desjenigen Organs zu überprüfen, das ihm gegenüber den Willen eines anderen Staates erkläre[32].

Diese Frage lasse sich jedoch nur dann zutreffend beantworten, wenn man genau zwischen der Kompetenz zur Willens*erklärung* und der Kompetenz zur Willens*bildung* unterscheide. So gelte es einmal festzustellen, ob der betreffende Staat die Kompetenz *zur Abgabe* einer Willenserklärung desjenigen Organs nachzuprüfen habe, das ihm gegenüber den Willen seines Staates erkläre, zum anderen sei zu untersuchen, ob er zur Nachprüfung auch dahingehend verpflichtet sei, „ob der erklärte Wille tatsächlich der Wille des zum Vertragsschluß befugten Organs ist", ob sich die Nachprüfungspflicht also gegebenenfalls auch auf „das ordnungsgemäße Zustandekommen des staatlichen Willens" erstrecke[33].

Jedenfalls die letzte Frage sei aber zu verneinen, denn „die Überprüfung der Bedingungen, unter denen der staatliche Wille als ordnungsgemäß zustandegekommen angesehen werden kann, (fällt) in die natürliche und ... notwendige Kompetenz des betreffenden Staates"[34]. Denn schließlich seien hierbei ja solche Normen zu untersuchen, die das verfassungsmäßige Leben des Staates ordnen und regeln, es sei die Ordnungsmäßigkeit rein interner Akte und Verfahren zu überprüfen, und es sei daher schlecht vorstellbar, daß ein Staat die Bewertung all dessen einem anderen Staat überlasse und damit zum Gegenstand möglicher Diskussionen und Streitigkeiten mache.

Habe jedoch der Staat selbst das ordnungsgemäße Zustandekommen seiner Beschlüsse zu überprüfen, so habe dieses Recht bzw. diese Pflicht insbesondere auch dasjenige Organ, das zur Abgabe der Willenserklärung gegenüber dem anderen Staat befugt sei, und dieses Organ habe auch gleichzeitig die Befugnis, das ordnungsgemäße Zustandekommen des staatlichen Willens „durch und mit (seiner) Erklärung" gegenüber dem Vertragspartner zu bestätigen[35]. Dementsprechend setze die Ratifikationserklärung einmal die Überprüfung der ordnungsgemäßen *Bildung* des staatlichen Willens voraus, enthalte auf der anderen Seite aber gleichzeitig die „implizite Bestätigung" gegenüber dem Vertragspartner, daß der staatliche Wille ordnungsgemäß zustande gekommen sei[36]. Es sei undenkbar, daß sich ein Staat gegenüber dieser stillschweigenden Be-

---
[31] Ebd., 570.
[32] Ebd., 579 ff., 572.
[33] Ebd., 573 ff., Zitat S. 574.
[34] Ebd., 575.
[35] Ebd., 575.
[36] Ebd., 576.

stätigung des Staatsoberhauptes „anmaßt, den Wahrheitsgehalt dieser Bestätigung zu überprüfen und zu diskutieren und sie möglicherweise sogar durch eine andere oder durch eine entgegengesetzte zu ersetzen"[37].

Diese Grundsätze würden aber auch vom Völkerrecht gebilligt, so daß davon auszugehen sei, daß „der von dem (zur Willens*erklärung*) zuständigen Organ erklärte Wille als Staatswille angesehen werden muß; daß also die Überprüfung der Legitimation des Organs in keinem Fall über die Kompetenz, den Willen des Staates zu erklären, hinausgehen kann"[38].

Etwas anderes gelte jedoch hinsichtlich der ersten Frage. Denn zur Überprüfung der Legitimation zur Abgabe einer Willens*erklärung* seien die Vertragspartner nicht nur befugt, sondern auch grundsätzlich verpflichtet. Jedoch stelle das Völkerrecht zugunsten einiger Organe „eine echte Kompetenzvermutung" auf, die diese Überprüfung erleichtere[39]. Eine solche Kompetenzvermutung zur Erklärung des staatlichen Willens gegenüber dem Vertragspartner gelte insbesondere zugunsten des Staatsoberhauptes, aber auch zugunsten der militärischen Befehlshaber zum Abschluß von militärischen Übereinkommen in Kriegszeiten. Da alle diese Vermutungen auf Regeln des Völkerrechts beruhten, könnten sie auch allein durch völkerrechtlich relevante Handlungen widerlegt werden[40].

Nach alledem gelte also, daß die auf den Vertragsschluß gerichtete Willenserklärung eines zuständigen Organs „unnachprüfbar" das ordnungsgemäße Zustandekommen und die Existenz des staatlichen Willens bestätige, während auf der anderen Seite die Zuständigkeit des Staatsoberhauptes zur *Abgabe* von Willenserklärungen solange vermutet werde, „als sich das Gegenteil nicht aus einem dem anderen Staat ordnungsgemäß notifizierten Akt ergibt"[41].

Diese Grundsätze gestatteten es dem fremden Staat jedoch lediglich, die ihm gegenüber von einem zuständigen oder als zuständig vermuteten Organ abgegebene Willenserklärung als eine Willenserklärung des Staates *anzusehen,* sie seien hingegen nicht geeignet, aus dem erklärten Willen entgegen den verfassungsrechtlichen Bestimmungen des betroffenen Staates ein Wollen dieses Staates zu machen. Damit stünden sie zwar in scheinbarem Widerspruch zu der grundlegenden Feststellung, daß das Völkerrecht das Entstehen bestimmter Rechte und Pflichten an die Existenz einer ordnungsgemäß zustande gekommenen staatlichen Willenserklärung binde, jedoch löse sich dieser Widerspruch durch das Institut der Haftung (responsabilità). Denn die Erklärung eines nicht be-

---

[37] Ebd., 576.
[38] Ebd., 578.
[39] Ebd., 579.
[40] Ebd., 580.
[41] Ebd., 580.

stehenden oder eines fehlerhaften Willens, die das Organ eines Staates einem anderen Staat gegenüber unter solchen Umständen abgegeben habe, die es diesem gestatteten, den erklärten Willen als einen solchen des Staates anzusehen, stelle eine dem Völkerrecht widersprechende Tatsache dar, die dem betreffenden Staat zugerechnet werden könne. Dies folge aus dem allgemeinen Grundsatz des Völkerrechts, wonach dem Staat stets die völkerrechtswidrigen Handlungen seiner Organe, die diese in ihrer Eigenschaft als Organe vorgenommen haben, als eigene zugerechnet würden und zwar unabhängig davon, ob das betreffende Organ gleichzeitig das innerstaatliche Recht verletzt habe oder nicht[42]. Die Haftung des Staates verbiete es diesem gleichzeitig, sich auf die Nichtigkeit des Aktes zu berufen und werde so anstelle des staatlichen Willens zur causa, zur rechtlichen Grundlage des Vertrages.

So führe die Ratifikationserklärung des Staatsoberhauptes stets zu einem gültigen Vertrag: „auf der Grundlage des *Willens*, wenn der vom Staatsoberhaupt erklärte Wille tatsächlich der Wille des Staates war, auf der Grundlage der *Haftung* in allen anderen Fällen"[43].

Ist diese These Anzilottis auch auf nahezu allgemeine Ablehnung gestoßen[44] und von dem Autor selbst bereits wenige Jahre später wieder aufgegeben worden[45], so übte sie doch einen entscheidenden Einfluß auf die Entwicklung der italienischen Lehre aus, der selbst in Italien nicht immer hinreichend gewürdigt wird[46]. Dabei liegt ihre Bedeutung weniger in den Lösungen, die der Autor zu einzelnen Teilaspekten vorschlägt, — Lösungen, die wie z. B. die Unterscheidung zwischen der Kompetenz zur Willens*erklärung* und der Kompetenz zur Willens*bildung*[47] oder die Annahme, für die Zuständigkeit des Staatsoberhauptes zum Vertragsschluß streite eine völkerrechtliche Vermutung, auch im Ausland Beachtung gefunden haben[48] — als vielmehr in ihren dogmatischen Erkenntnissen, die den Autor zu einer Bekräftigung, aber auch zu einer Präzisierung und zu einer Korrektur der Grundkonzeptionen der Lehre Donatis führten.

---

[42] Ebd., 581.

[43] Ebd., 582.

[44] Vgl. z. B. *Marinoni*, 99 ff.; *Biscottini*, Volontà, 9 ff.; *Vedovato*, 59 ff.; *Ferrari Bravo*, 169 f. Zustimmend jedoch *Cavaglieri*, 115 f. Zur Kritik in Deutschland vgl. *Schoen*, Die völkerrechtliche Bedeutung, 415 ff.

[45] Vgl. unten II. Teil, 1. Kap., Ziff. 2.

[46] Im gleichen Sinne *Biscottini*, Volontà, 10, Fn. 4.

[47] War diese Unterscheidung auch bereits von *Heilborn* und noch früher bereits von *Nippold* (143 ff.) angedeutet worden, so wurde sie doch erstmalig von *Anzilotti* in dieser Eindeutigkeit vollzogen.

[48] Im ersteren Sinne vgl. die oben 1. Kap., Fn. 90 zitierten Autoren; im letzteren Sinne z. B. *Bittner*, 99 f.; *Sauer*, Ernst, 167. Vgl. auch *von der Heydte*, 77.

Wie *Donati*, so bezweifelt auch *Anzilotti* zu keinem Zeitpunkt, daß allein das Verfassungsrecht der Staaten zur Bestimmung der Kompetenz staatlicher Stellen zuständig sei, wie auf der anderen Seite allein das Völkerrecht die Voraussetzungen der Gültigkeit völkerrechtlicher Verträge festlegen könne. Und wie *Donati* — und anders als *Triepel* — widmet er der Begründung dieser Ansicht eine Reihe von Argumenten, die nunmehr auch die Kompetenzfrage aus dem Bereich einer „Vorfrage" heraustreten läßt und sie zu einem selbständigen Rechtsproblem macht. Damit bekräftigt er zugleich die Ansicht Donatis, daß das Völkerrecht hinsichtlich der Gültigkeitsfrage und das Landesrecht hinsichtlich der Kompetenzfrage grundsätzlich unabhängig voneinander unterschiedliche Sachverhalte regeln, und läßt immer deutlicher nicht mehr wie in Deutschland die Frage nach dem Einfluß der kompetenzbeschränkenden Normen des Verfassungsrechts auf die Gültigkeit völkerrechtlicher Verträge, sondern die nach der Existenz eines staatlichen Willens als Voraussetzung der Gültigkeit dieser Verträge als Kernpunkt der gesamten Problematik erscheinen.

Deutlicher als *Donati* erkennt *Anzilotti* dabei jedoch, daß, dem Prinzip der rechtlichen Autonomie beider Rechtsordnungen folgend, die rechtlichen Wertungen der einen Rechtsordnung im Bereich der anderen *als solche* nur dann eine irgendwie geartete rechtliche Bedeutung haben können, wenn diese auf sie verweist. Sieht man also wie Donati und Anzilotti das Element „staatlicher Wille" als das Ergebnis einer verfassungsrechtlichen Wertung an, so kann diese verfassungsrechtliche Wertung nur dann völkerrechtliche Relevanz erlangen, wenn eine entsprechende völkerrechtliche Verweisungsnorm dies bestimmt.

Gerade diese Erkenntnis dürfte den Autor auch dazu geführt haben, sich insoweit der Lehre *Triepels* anzuschließen. Jedoch ergeben sich bereits hier Nuancierungen in der Argumentation beider Autoren, die sich entscheidend auf die weitere Entwicklung der italienischen Lehre auswirken sollten. Hatte nach *Triepel* das Völkerrecht dem Landesrecht im fraglichen Punkte in nahezu passiver Weise „ein für allemal ein Blankett offengelassen"[49], so lassen demgegenüber die weiteren Ausführungen *Anzilottis* deutlich erkennen, daß auch die Existenz einer völkerrechtlichen Verweisungsnorm Ausdruck einer autonomen Wertung des Völkerrechts ist, das damit zugleich die Voraussetzungen und den Umfang der Verweisung frei und autonom bestimmen kann und so selbst bei einer Verweisung keinesfalls gezwungen ist, sich in jedem Fall die Ergebnisse der verfassungsrechtlichen Wertungen zu eigen zu machen. Dieser Gedanke, der nicht nur die Autonomie des Völkerrechts, sondern auf der anderen Seite auch die Relativität der verfassungsrechtlichen Wertungen betont und damit zugleich die scheinbare Zwangsläufigkeit

---

[49] *Triepel*, 236.

der Verbindung zwischen der Gültigkeitsfrage und der Kompetenzfrage auflöst, sollte nur wenige Jahre später von dem Autor selbst weiter verdeutlicht[50] und in dessen Gefolge zu einer der Grundlagen der klassischen Lehre Italiens werden[51].

Der Auflösung der Verbindung zwischen der Gültigkeitsfrage und der Kompetenzfrage stand jedoch nicht nur die historische Entwicklung des Problems und die durch sie bestimmte Fragestellung entgegen, sondern auch ein Irrtum, der bereits die These *Donatis* geprägt hatte und in dem noch heute ein Großteil der Lehre außerhalb Italiens befangen zu sein scheint. Denn ging diese Lehre auf dem Boden der dualistischen Konzeption auch zutreffend davon aus, daß Völkerrecht und Landesrecht nie gleichzeitig den gleichen Sachverhalt regeln können, und hielt sie weiter an der Überzeugung fest, daß letztlich allein das Verfassungsrecht die Kompetenz staatlicher Stellen festlegen könne, so schien damit zu Lasten der Autonomie des Völkerrechts gleichzeitig mehr oder weniger eindeutig festzustehen, daß dieses sich — jedenfalls im Prinzip — jeder eigenen Wertung in dieser Frage zu enthalten habe. Da die Frage der Kompetenz staatlicher Stellen der Überzeugung nach grundsätzlich in den Regelungsbereich des Landesrechts fiel und durch dessen Regelung „verbraucht" schien, schien dem Völkerrecht nahezu zwangsläufig kein anderer Weg zu bleiben, als zur Feststellung des staatlichen Willens als der Voraussetzung der Gültigkeit völkerrechtlicher Verträge auf das Landesrecht zu verweisen, selbst wenn diese Frage nunmehr Element eines umfassenderen und unstreitig vom Völkerrecht zu regelnden Sachverhaltes war. Im Gegenteil, gerade und allein der Gedanke der Verweisung schien es zu gestatten, den Regelungsansprüchen beider Rechtsordnungen Rechnung zu tragen.

In Wahrheit besteht aber, wie die These *Anzilottis* erstmalig aufzeigte, eine solche Zwangsläufigkeit nicht. Denn ohne eine Übernahme der rechtlichen Wertungen des Verfassungsrechts, so läßt sich den weiteren Ausführungen des Autors entnehmen, verbleiben *Tatsachen*, die das Völkerrecht durch eine autonome rechtliche Qualifizierung zu Rechtstatsachen und zu Tatbestandsmerkmalen einer eigenen rechtlichen Wertung machen kann. Aus dem dualistischen Prinzip der Trennung zwischen Völkerrecht und Landesrecht folgt lediglich, daß beide Rechtsordnungen nie gleichzeitig den gleichen Lebenssachverhalt einer rechtlichen Regelung zuführen können, nicht aber, daß sie nicht bestimmte Tatsachen, die gemeinsame Elemente unterschiedlicher Lebenssachverhalte sind, jeweils zu Elementen einer eigenen Wertung machen können. Lediglich die rechtliche Wertung und Ordnung bestimmter tatsächlicher Beziehungen oder Verhältnisse kann nur entweder von der einen oder der anderen

---

[50] Vgl. unten II. Teil, 1. Kap., Ziff. 2.
[51] Vgl. unten II. Teil, 2. Kap.

2. Kap.: Die Entwicklung in Italien

Rechtsordnung vorgenommen werden, nichts steht aber der Annahme entgegen, daß die eine Rechtsordnung zur Vornahme einer ihr erlaubten rechtlichen Wertung auf Tatsachen zurückgreift, die, jedenfalls zu einem Teil, gleichzeitig die Grundlage für eine autonome rechtliche Wertung der anderen Rechtsordnung darstellen. Da aber die rechtlichen Wertungen beider Rechtsordnungen nach dem Grundsatz der Autonomie lediglich relativ wirken und als Wertungen nicht etwa die Tatsachen verändern, ist es durchaus denkbar, daß die eine Rechtsordnung, die anderen Wertungskriterien zu folgen und zusätzlich andere Tatsachen zu berücksichtigen hat, mithin in Wahrheit einen anderen Sachverhalt regelt, zu Ergebnissen gelangt, die mit den Wertungen der anderen Rechtsordnung unvereinbar erscheinen.

So führt auch, wie Anzilotti unterstreicht, die Willenserklärung eines verfassungsrechtlich unzuständigen Organs nicht notwendigerweise zu einem völkerrechtlich ungültigen Vertrag, da das Völkerrecht nach dem Grundsatz der Autonomie nicht an die rechtlichen Wertungen des Verfassungsrechts gebunden ist. Mehr noch, nichts verbietet insoweit die Annahme[52], daß das Völkerrecht die Willenserklärung der Einzelperson zu einem Element einer eigenen rechtlichen Wertung macht, sodann — wie Anzilotti ausführt — zwar nicht als *Willenserklärung*, die als solche für den betreffenden Staat Rechte oder Pflichten auslösen könnte, sondern als *Tatsache*, die im Zusammenhang mit anderen Tatsachen die causa für einen den betreffenden Staat bindenden Vertrag darstellen kann. Und schließlich: das Völkerrecht hat — so legt der Autor weiter dar — bei der Regelung der Gültigkeitsfrage tatsächlich andere zusätzliche Tatsachen (nämlich die Umstände, unter denen die Erklärung abgegeben wurde) zu berücksichtigen und anderen Wertungskriterien (nämlich der Abwägung der widerstreitenden Interessen der Vertragspartner) zu folgen als das Verfassungsrecht bei der Regelung der Kompetenzfrage, so daß das Völkerrecht schließlich auch auf Grund der eigenen rechtlichen Wertung zu anderen Ergebnissen gelangen kann als das Verfassungsrecht.

Gerade in diesen Feststellungen liegt auch die besondere Bedeutung der These *Anzilottis* für die Entwicklung der italienischen Lehre. Denn trotz aller Widersprüche, die die Überlegungen des Autors zur haftungsmäßigen Bindung des Staates an die fehlerhaften Willenserklärungen seiner Organe in Italien erfahren haben, sollten die dogmatischen Erkenntnisse, die diesen Überlegungen zu Grunde liegen, in der Folgezeit kaum noch angezweifelt werden, ja sie bildeten in späterer Zeit sogar die Grundlage für die gesamte klassische Lehre innerhalb Italiens. Den Weg hierzu und damit auch zur endgültigen Abkehr von den Lehren *Heilborns* und *Triepels* öffnete letztlich jedoch ein Autor, der mit seiner Theorie zu-

---

[52] Vgl. aber unten S. 101 f.

gleich zum Begründer einer modernen Lehre wurde, die erst in neuerer Zeit immer mehr Anhänger finden sollte, nämlich *Mario Marinoni*.

3. Die Theorie von Marinoni

Ließ es sich noch *Donati* und *Anzilotti* als das Verdienst anrechnen, die historisch begründete Verbindung zwischen der Gültigkeitsfrage und der Kompetenzfrage gelöst und statt der Frage nach dem Einfluß der kompetenzbeschränkenden Normen des Verfassungsrecht auf die Gültigkeit völkerrechtlicher Verträge diejenige nach der Existenz eines staatlichen Willens als Voraussetzung der Gültigkeit dieser Verträge in den Vordergrund der Betrachtungen gerückt zu haben, so wählte bereits *Marinoni*[53] allein diese letzte Frage zum Ansatzpunkt seiner Überlegungen.

Die Problematik staatlichen Handelns, so führte der Autor aus, liege darin, daß die Staaten im natürlichen Sinne handlungsunfähig und daher notwendigerweise auf das Handeln natürlicher Personen angewiesen seien, deren Handeln aber wiederum als Handeln natürlicher Personen außerhalb der Völkerrechtsordnung stehe und daher *rechtlich* als Handeln des Staates gelten müsse[54]. Die Frage, die es zu untersuchen gelte, könne daher nur lauten, „wann völkerrechtlich ein staatlicher Wille vorliegt, d. h. wann im Rahmen des Völkerrechts ein bestimmter Wille als ein solcher des Staates angesehen werden muß"[55].

Gerade diese Frage aber werde von der herrschenden Lehre, von Triepel, von Donati und auch von Anzilotti, durch die Berufung auf die Organtheorie, nach der sich ein Handeln der Organe auch in materieller Hinsicht als ein Handeln des Staates darstellt, „annulliert". In Wahrheit halte aber die Annahme, daß „die Tätigkeit des Organs in den Grenzen der ihm zugeteilten Befugnisse die Tätigkeit des Staates selbst" sei, daß „Staat und Organ ... nicht zwei verschiedene Personen (seien), von denen die eine für die andere handelt", sondern daß „es ... nur eine Person gibt, den Staat, der in seinen Organen will und handelt"[56], einer Nachprüfung weder unter einem logischen, noch unter einem rechtlichen Gesichtspunkt stand. Ihr wesentlicher Fehler liege in dem Versuch, „das Ergebnis des normalen Handelns der staatlichen Stellen, also die Tatsache, daß ihr Wollen und ihr Handeln auf den Staat bezogen wird, nicht so sehr aus einer der Rechtsordnung eigenen Zuweisung abzuleiten, die eine bestimmte Tätigkeit auf ein bestimmtes, von der tatsächlich handelnden Person unterschiedliches Rechtssubjekt bezieht, als vielmehr aus einer

---

[53] *Marinoni*, Mario, La responsabilità degli Stati per gli atti dei loro rappresentanti secondo il diritto internazionale, Roma 1914.
[54] Ebd., 33 f.
[55] Ebd., 2.
[56] So z. B. *Anzilotti*, Volontà, 548 f.

2. Kap.: Die Entwicklung in Italien 47

... organischen Verbindung zwischen dem Handelnden und dem Staat, aus einer Verbindung, die man aus dem physischen Bereich abzuleiten sucht und die von der Wirklichkeit, die sie allein bestätigen könnte, widerlegt wird"[57]. In der „physischen Wirklichkeit" gebe es keinen Personenverband Staat, dessen Organe ein untrennbarer Teil seiner selbst seien, sondern lediglich ein Wollen und Handeln von Einzelpersonen, das die Rechtsordnung jedoch für ein anderes Rechtssubjekt gelten lassen könne als für diejenige natürliche Person, die diese Handlungen vorgenommen habe[58]. Diese sich im Bereich einer Rechtsordnung vollziehende Zuordnung, die als solche das „Ergebnis einer Abstraktion und nicht einer Fiktion" sei, könne jedoch „den Erscheinungen nicht ihren realen Gehalt" nehmen[59], die Rechtsordnung könne „nicht das, was in der Realität besteht, annullieren, um es durch eine angebliche Tatsache zu ersetzen"[60].

Die Überlegungen der Organtheorie entsprächen jedoch selbst nicht der rechtlichen Wirklichkeit. Denn gerade im Bereich des Rechts stellten sich der Staat und die für ihn handelnden Stellen als zwei verschiedene Rechtspersonen dar, die durch ein bestimmtes Rechtsverhältnis, nach Marinoni das Institut der Vertretung[61], miteinander verbunden seien. Zwar sei dies ein ausschließliches Problem des innerstaatlichen Rechts, da die staatlichen Stellen ihre Fähigkeit, für den Staat zu handeln, jedenfalls „nur aus dem Willen des Staates ableiten (können), von dem sie abhängen"[62]. Jedoch sei der Irrtum der Organtheorie auch in der völkerrechtlichen Diskussion von Bedeutung. Denn durch die Annahme, zwischen dem Staat und seinen Organen bestehe eine Identität, verdränge diese Theorie die eigentliche Frage, nämlich die, wie die Staaten, die die einzigen Völkerrechtssubjekte seien, mit Hilfe ihrer Aufgabenträger, die keine Völkerrechtssubjekte seien, völkerrechtliche Rechtsbeziehungen ins Leben rufen könnten[63]. Sie verdecke die Frage, wie es sich rechtlich erklären lasse, daß diese Aufgabenträger Rechte ausübten, die vom Völkerrecht den Staaten zugestanden worden seien[64].

Dies wiederum sei jedoch eine Frage, die sich allein aus dem Völkerrecht lösen lasse. Wie das innerstaatliche Recht auch immer das Entstehen eines staatlichen Willens, der im Bereich des Völkerrechts zu wirken bestimmt sei, werte, so sei diese Wertung für das Völkerrecht doch stets unerheblich. „Die Ergebnisse, zu denen man innerhalb der einen Rechtsordnung gelangt, haben ... keine irgendwie geartete Relevanz im Bereich

---
[57] *Marinoni*, 44.
[58] Ebd., 41.
[59] Ebd., 42.
[60] Ebd., 60.
[61] Ebd., 44 ff.
[62] Ebd., 42.
[63] Ebd., 55 ff.
[64] Ebd., 60.

der anderen Rechtsordnung; die Voraussetzungen und die Grenzen, die die eine Rechtsordnung zur Erreichung eines bestimmten rechtlichen Zieles aufstellt, sind, für sich allein genommen, für die andere Rechtsordnung irrelevant[65]."

Stehe also das Völkerrecht vor der Aufgabe, einem bestimmten Willen die Bedeutung eines staatlichen Willens zuzuerkennen, so verfahre es dabei in autonomer Weise und seine Wertung unterscheide sich wegen der fehlenden Völkerrechtssubjektivität der natürlichen Personen notwendigerweise von jeder Wertung einer anderen Rechtsordnung, die die Beziehungen zwischen dem Staat und seinen Aufgabenträgern berücksichtige[66]. Diese fehlende Völkerrechtssubjektivität schließe auch jede Bezugnahme auf die natürlichen Personen aus, und ebenso wenig könne das Völkerrecht — sei es auch nur mittelbar — deren Wollen und Handeln in Betracht ziehen, denn den natürlichen Personen fehle nicht allein die völkerrechtliche Rechtsfähigkeit, sie seien vielmehr dem Völkerrecht, das allein die zwischenstaatlichen Beziehungen regele, fremd[67]. Daher sei es auch undenkbar — wie *Heilborn* — anzunehmen, daß gewissen staatlichen Stellen eine völkerrechtliche Kompetenz verliehen worden sei, und zwar „nicht so sehr, weil die Kompetenz des staatlichen Organs oder Aufgabenträgers nur vom innerstaatlichen Recht, das allein die Rechtstellung der natürlichen Personen regeln kann, festgelegt werden könnte, sondern vor allem deshalb, weil eine Völkerrechtsnorm sich nur auf Rechtssubjekte dieser Rechtsordnung beziehen kann"[68]. Aber sogar eine „Untersuchung der Natur der Beziehungen, die den Staat an seine Aufgabenträger binden, (sei) dem Völkerrecht fremd"[69], eben, da es sich nur mit den zwischenstaatlichen Beziehungen befasse und ihm jede Beziehung nicht zwischenstaatlicher Art fremd sei[70]. So sei es auch letztlich ausgeschlossen, im Sinne *Triepels* von einer Verweisung des Völkerrechts auf das Landesrecht auszugehen[71], und nicht einmal der Wille der Staaten, durch den sie ihren Aufgabenträgern eine gewisse Rechtsstellung innerhalb des Personenverbandes einräumten, könne — sei es auch nur mittelbar — völkerrechtliche Beachtung finden, denn auch dieser Wille beziehe sich auf Einzelpersonen und erfasse damit wiederum ein Verhältnis, das dem Völkerrecht fremd sei[72].

Da das Völkerrecht sich allein mit den Beziehungen zwischen den Staaten befasse, könne es auch lediglich das Wollen und Handeln *der Staaten*

---

[65] Ebd., 72.
[66] Ebd., 70.
[67] Ebd., 61 ff.
[68] Ebd., 68.
[69] Ebd., 69 f.
[70] Ebd., 62.
[71] Ebd., 76 ff., 89 ff. mit zahlreichen weiteren Argumenten.
[72] Ebd., 70.

2. Kap.: Die Entwicklung in Italien

berücksichtigen, „d. h. also, das Wollen und Handeln, das völkerrechtlich, unabhängig von seinem realen Ursprung, als staatlich angesehen wird"[73]. Damit konzentriere sich die Untersuchung in Wahrheit auf die Frage, wie sich der staatliche Wille und damit letztlich auch der Staat selbst im Bereich des Völkerrechts zeigten[74].

Betrachte man den Staat aber aus der Sicht des Völkerrechts, so stelle er sich dort als *Einheit* dar[75]. Nur der Staat als *Einheit* sei Völkerrechtssubjekt und nur er könne daher Träger von völkerrechtlichen Rechten und Pflichten sein[76] und müsse im übrigen auch gerade deshalb vom Völkerrecht als selbst willens- und handlungsfähig angesehen werden[77], wenn auch nicht zu leugnen sei, daß auch im Bereich des Völkerrechts jedes Handeln und Wollen des Staates im natürlichen Sinne ein Handeln und Wollen von natürlichen Personen voraussetze. Jedoch nicht das Völkerrecht, sondern allein das Landesrecht unterziehe dieses Handeln und Wollen der natürlichen Personen einer rechtlichen Wertung. Allein das Landesrecht gestehe den fraglichen Tätigkeiten rechtliche Relevanz für den Staat zu und lege die Grenzen dieser Relevanz fest. Allein das Landesrecht mache das Handeln der staatlichen Aufgabenträger zu einem Handeln des Staates, und auch allein das Landesrecht sei hierzu in der Lage. Sei diese rechtliche Wertung des Landesrechts *als solche* für das Völkerrecht auch irrelevant, so erlange sie doch auch in dessen Bereich eine gewisse Bedeutung, sei sie doch zugleich ein Ausdruck der internen Organisation des Staates, in der dieser letztlich bestehe und in der er sich konkretisiere[78]. Bestehe und konkretisiere sich der Staat aber in der internen Organisation seiner Aufgabenträger, so könne er auch im Bereich des Völkerrechts nur insoweit existieren, als er bereits „in und wegen" seiner Organisation bestehe. Denn das Völkerrecht setze den Staat als „entstanden" voraus und könne sich nicht etwa auf seine Konstituierung, einem ausschließlichen Problem des innerstaatlichen Rechts und dementsprechend dem Völkerrecht fremd, beziehen. Komme damit der internen Organisation der staatlichen Aufgabenträger als Ausdruck der vom Völkerrecht vorausgesetzten Existenz des Staates auch im Bereich des Völkerrechts eine gewisse Bedeutung zu, so gelte dies doch in einem anderen Sinne, als im Bereich des innerstaatlichen Rechts: „Für das innerstaatliche Recht ist sie *rechtlich* relevant, da sie von ihm abhängt; für das Völkerrecht ist sie ein *Faktum*, eben da sie ihm fremd ist und da sie für dieses eine Voraussetzung darstellt[79]." Während sich also

---

[73] Ebd., 63.
[74] Ebd., 117.
[75] Ebd., 64, 117.
[76] Ebd., 117.
[77] Ebd., 69.
[78] Ebd., 115 ff.
[79] Ebd., 117 f. Hervorhebungen durch den Verfasser.

der Staat im innerstaatlichen Bereich in der rechtlichen Organisation seiner Aufgabenträger konkretisiere, zeige sich das Völkerrechtssubjekt Staat in seiner staatlichen Organisation, so wie sie sich faktisch darstelle[80]. Anders als das Landesrecht gelange damit das Völkerrecht zu seinen Ergebnissen nicht auf Grund einer rechtlichen Wertung, sondern auf Grund einer Abstraktion der Realität. Denn trotz der realen Pluralität der Aufgabenträger sehe es den Staat als Einheit an, als einheitlichen Träger von Rechten und Pflichten, „ohne sich dabei je auf die Einzelpersonen zu beziehen, ohne die es auf der anderen Seite kein Wollen und Handeln gibt, das seinerseits aber unerläßlich für die Ausübung jedweder Rechte und Pflichten ist"[81]. Beziehe das Völkerrecht so auch notwendigerweise die interne Organisation des Staates in seine Betrachtungen ein, so jedoch ohne diese in ihrer rechtlichen Struktur zu werten, vielmehr berücksichtige es allein *empirisch* die realen Beziehungen, in denen sich der Staat äußere[82]. So zeige sich das Völkerrechtssubjekt Staat als Ergebnis einer empirischen Wertung in dem faktischen Erscheinungsbild der als Einheit konzipierten Organisation seiner Aufgabenträger[83].

Aus diesen Feststellungen folge aber zugleich, daß „jedes Wollen und Handeln der Organisation und damit jedes Wollen und Handeln irgendeines Aufgabenträgers — soweit es Ausdruck eines Wollens und Handelns jener Ordnung der Aufgabenträger ist, die als Einheit, als der Personenverband Staat konzipiert ist — völkerrechtlich Ausdruck eines Wollens und Handelns des Staates (ist), soweit es für sich selbst, (d. h. also) seinem Inhalt nach, für die Völkerrechtsordnung relevant ist"[84]. Somit gelange das Völkerrecht auch hier, indem es das reale Erscheinungsbild des Handelns und Wollens der natürlichen Personen als Ausdruck der staatlichen Organisation, der diese angehöre, werte, zu seinen Ergebnissen im Wege einer Abstraktion der Realität. Denn setze es im realen Bereich auch das Wollen und Handeln einer natürlichen Person voraus, so berücksichtige es doch deren Tätigkeit nicht als Wollen und Handeln der natürlichen Person *als solcher,* sondern als die Tätigkeit einer natürlichen Person, die faktisch erkennbar für die staatliche Organisation handele[85]. Bei dieser Betrachtungsweise blieben aber die innerstaatlichen Rechtsbeziehungen, die die natürliche Person als Teil der staatlichen Organisation ausweisen und sie zu einem staatlichen Aufgabenträger machten, in ihrem *rechtlichen* Wert vom Völkerrecht unberücksichtigt. Vielmehr richte das Völkerrecht seine Feststellungen allein „auf die *faktische* Erscheinung

---

[80] Ebd., 118.
[81] Ebd., 119.
[82] Ebd., 122.
[83] Ebd., 124.
[84] Ebd., 118.
[85] Ebd., 126 f.

der Zugehörigkeit der natürlichen Person, die im physischen Bereich der Urheber des Handelns und Wollens ist, zur staatlichen Organisation" und vollziehe damit als Beurteilung von Fakten seine Wertung nicht im rechtlichen, sondern im empirischen Bereich[86].

So gelte „völkerrechtlich als Wille des Staates derjenige, dessen Inhalt völkerrechtlich relevant ist und der als Wille des Staates von jemandem erklärt wird, der sich nach der faktischen Erscheinung als Teil der staatlichen Organisation erweist"[87].

2. Abschnitt: Die Grundlagen der Fragestellung in Italien

Hatten die Thesen von *Heilborn* und *Triepel* die gesamte spätere Auseinandersetzung in Deutschland geprägt, so übten die Thesen von *Donati* und *Anzilotti* und insbesondere die von *Marinoni* den gleichen Einfluß auf die Entwicklung der italienischen Lehre aus. Sie bewirkten nicht nur eine endgültige Abkehr von der traditionellen Fragestellung der deutschen Autoren, sondern legten zugleich die Grundlagen zu jenen Theorien, die später für die Lehre Italiens kennzeichnend sein sollten.

Denn hatte die deutsche Lehre im Anschluß an Heilborn und Triepel im wesentlichen allein noch die Frage diskutiert, welchen Einfluß die kompetenzbeschränkenden Vorschriften des Verfassungsrechts auf die Gültigkeit völkerrechtlicher Verträge ausübten, und durch diese Fragestellung auch die Lösung der Kompetenzfrage in ihren Ergebnissen präjudiziert[88], so hatte in Italien das fortgesetzte Bemühen der genannten Autoren, den Regelungsgegenstand von Völkerrecht und Landesrecht im fraglichen Bereich aus allgemeinen, rechtstheoretischen Überlegungen zu bestimmen, deutlich erkennen lassen, daß — anders als in Deutschland angenommen — die Gültigkeitsfrage und die Kompetenzfrage nicht *notwendigerweise* miteinander verbunden sind, daß im Gegenteil die Frage der Gültigkeit völkerrechtlicher Verträge und die nach der zuständigen Rechtsordnung zur Bestimmung der Kompetenz staatlicher Stellen viel eher unterschiedliche Rechtsprobleme darstellen, die grundsätzlich unabhängig voneinander zu lösen sind[89]. Damit erschien aber auch die Kompetenz staatlicher Stellen nicht mehr von vorneherein als ein Tatbestandsmerkmal der völkerrechtlichen Norm über die Gültigkeit von Staatsverträgen, und so sollte auch in Italien anders als in Deutschland zu keinem Zeitpunkt der Gedanke aufkommen, aus der Zuständigkeit des Völkerrechts zur Regelung der Gültigkeit völkerrechtlicher Verträge

---
[86] Ebd., 127 f.
[87] Ebd., 126.
[88] Vgl. I. Teil, 1. Kap., 3. Abschnitt.
[89] Vgl. jedoch *Balladore Pallieri*, La formation, 469 ff. und hierzu unten II. Teil, 2. Kap., Fn. 43.

folge auch dessen Zuständigkeit zur Bestimmung der Kompetenz staatlicher Stellen. Immer deutlicher setzte sich statt dessen im Anschluß an die Erkenntnisse Marinonis die Überzeugung durch, daß das Völkerrecht, da es allein die Rechtsbeziehungen zwischen den Staaten regele, auch allein eine Willenserklärung der Staaten zur Voraussetzung der Gültigkeit völkerrechtlicher Verträge machen könne. Da sich auf der anderen Seite jedoch nicht leugnen ließ, daß die Staaten im natürlichen Sinne handlungsunfähig und daher stets auf Handlungen natürlicher Personen angewiesen sind, konzentrierte sich die Auseinandersetzung schließlich auf die Frage, wie die Staaten im Bereich des Völkerrechts völkerrechtlich relevante Handlungen vornehmen können. Damit verließ die Diskussion zugleich den Rahmen einer ausschließlich auf die Gültigkeit völkerrechtlicher Verträge bezogenen Untersuchung und machte statt dessen das völkerrechtlich relevante staatliche Handeln schlechthin zum Gegenstand der Betrachtungen.

Kennzeichnend bliebt dabei für die gesamte italienische Lehre die strenge Trennung zwischen den Bereichen des Völkerrechts und denen des Landesrechts. So herrschte fortan Einigkeit darin, daß sich die Frage nach der Existenz eines staatlichen Willens *für den Bereich des Völkerrechts* auch allein aus dem Völkerrecht beantworten lasse, während das Landesrecht *diese* Frage keiner Lösung zuführen könne und sich ihr in der Tat auch gar nicht zuwende. Die Wertungen des Verfassungsrechts seien, so wurde weiter allgemein angenommen, *als solche* für das Völkerrecht irrelevant. Sie seien, wie Marinoni überzeugend nachgewiesen hatte, als *rechtliche Wertungen* auch nicht etwa geeignet, eine materielle Verbindung zwischen dem Staat und seinen Organen zu begründen, um so im Sinne der Organtheorie zu einer „realen Identität" zwischen dem Staat und dem für ihn handelnden Organ, zwischen dem staatlichen Willen und dem Willen des Organs zu führen und damit, wie noch Donati angenommen hatte, zu einer „Tatsache", die ihrerseits Gegenstand einer rechtlichen Qualifikation von seiten des Völkerrechts sein könnte[90]. So galt auch die Feststellung Marinonis, daß das Völkerrecht seine Betrachtungen allein an den objektiv gegebenen Tatsachen ausrichten könne, fortan nahezu unbestritten und gerade sie ließ auch die Frage, welche Umstände es gestatteten, eine Willenserklärung oder Handlung, deren Urheber im physischen Bereich eine natürliche Person ist, für den Bereich des Völkerrechts als eine Willenserklärung oder Handlung des Staates anzusehen, in Zukunft allgemein als den Kernpunkt der gesamten Problematik erscheinen, bei dem jede Untersuchung ihren Ausgang fand.

Trotz dieser gemeinsamen Ausgangspunkte sollte die italienische Lehre dennoch zu vollkommen divergierenden Lösungen des Problems gelan-

---

[90] Nicht eindeutig jedoch *Sperduti*, 301 ff. Vgl. ausführlich hierzu unten II. Teil, 2. Kap., Ziff. 4.

gen. Denn herrschte auch Übereinstimmung darin, daß die Existenz eines völkerrechtlich relevanten staatlichen Willens allein das Ergebnis einer völkerrechtlichen „Wertung" sein könne, so blieb doch fraglich, ob sich das Völkerrecht hierbei — wie *Anzilotti* angedeutet hatte — eine *rechtliche* oder aber — wie *Marinoni* gelehrt hatte — eine *faktische* Betrachtungsweise zu eigen mache, ob der staatliche Wille also das Ergebnis einer *normativen* oder aber einer *empirischen* Wertung von seiten des Völkerrechts sei.

Die unterschiedlichen Ansichten hierzu, die nicht zuletzt auf einer unterschiedlichen Konzeption vom Staat als Völkerrechtssubjekt beruhten, sollten denn auch die italienische Lehre fortan in zwei große Lager teilen: In die klassische Lehre (*Theorie der rechtlichen Zurechnung*) auf der einen und die moderne Lehre (*Theorie der materiellen Zurechnung*) auf der anderen Seite. Sie sind es aber auch, die im Verlaufe der Auseinandersetzung auch die Frage nach der zuständigen Rechtsordnung zur Bestimmung der Kompetenz staatlicher Stellen in die Diskussion der italienischen Lehre einführten, jetzt jedoch nicht mehr als eine „Vorfrage" des Problems der Gültigkeit völkerrechtlicher Verträge, sondern als selbständiges Rechtsproblem, das nunmehr in engem Zusammenhang mit der Konzeption vom Staat als Völkerrechtssubjekt stand.

II. TEIL

Die klassische Lehre —
Die Theorie der rechtlichen Zurechnung

1. Kapitel

Die Grundlagen

1. Die dogmatischen Grundlagen

Bemühte sich die italienische Lehre, die Frage nach dem völkerrechtlich relevanten Handeln des Staates allein aus dem Völkerrecht zu beantworten, und folgte sie dabei der von *Donati, Anzilotti* und *Marinoni* vorgezeichneten strengen Trennung zwischen den Bereichen des Völkerrechts und denen des Landesrechts, so mußten ihr nahezu zwangsläufig alle bisher von der Literatur zur Lösung des Problems staatlichen Handelns vorgetragenen Theorien unannehmbar erscheinen.

Dies gilt zunächst für die in frühester Zeit von einigen Autoren vertretene *Repräsentationstheorie*[1], und zwar nicht nur, weil, wie allgemein bemerkt wird, die Repräsentationstheorie ein Rechtsverhältnis zwischen dem Vertretenen und dem Vertreter voraussetzt, das vom Völkerrecht wegen der fehlenden Völkerrechtssubjektivität der natürlichen Personen nicht geregelt werden könnte, als landesrechtliche Regelung aber völkerrechtlich irrelevant wäre. Entscheidend ist vielmehr auch die Tatsache, daß das Völkerrecht entgegen den Vorstellungen der Repräsentationstheorie nicht in der Lage wäre, die Handlungen des Vertreters als dessen eigene in Betracht zu ziehen, um sodann dem Vertretenen die sich aus ihr ergebenden Rechtsfolgen durch eine Rechtsnorm zuzuordnen, und zwar deshalb, weil es nur Handlungen seiner eigenen Rechtssubjekte, also der Staaten, nicht aber die der natürlichen Personen berücksichtigen kann.

Aber auch die *Organtheorie*[2] mußte der italienischen Lehre nach den Ausführungen Marinonis zur Lösung des Problems staatlichen Handelns

---

[1] Vgl. in Italien z. B. *Olivi*, 147 f. Zur Repräsentationstheorie vgl. ausführlich *Arangio-Ruiz*, Gli enti soggetti, 124 ff.; *Cavaglieri*, 102 ff.

[2] Vgl. in Italien z. B. *Favilli*, 201 ff. Zur Organtheorie vgl. ausführlich *Arangio-Riuz*, Gli enti soggetti, 137 ff. und die dort angegebenen Autoren.

ungeeignet erscheinen. Vermied sie auch die Fehler der *Repräsentationstheorie*, so setzte sie sich doch neuen Einwänden aus[3]. Denn anders als nach dieser besteht nach der Organtheorie eine Identität zwischen dem Staat und den für ihn handelnden natürlichen Personen, seinen Organen. Die Handlungen des Organs sind identisch mit den Handlungen des Staates, dieser handelt durch seine Organe und ist daher selbst fähig zu handeln und zu wollen. Die Organe stellen in ihrer Gesamtheit das „aktive Element" des Staates dar, und zwar in einem Sinne, der oft nicht genau definiert, jedenfalls aber ganz oder teilweise als außerjuridisch konzipiert wird. Ist das Verhältnis zwischen dem Staat und seinen Organen nach den extremen Organtheorien als präjuridisches Element gekennzeichnet[4], so stellt es für die gemäßigten Theorien eine „juristische Realität" dar[5]. Einigkeit herrscht auf alle Fälle darin, daß die Handlungen der Organe Handlungen des Staates sind, und zwar nicht in rechtlich formaler, sondern in materieller Hinsicht. Der Staat trägt so die Rechtsfolgen für ein eigenes Handeln.

Damit ließ sich die Organtheorie zwar in ihrem Ergebnis, nicht aber in den Überlegungen, die dieses Ergebnis tragen, mit den Vorstellungen der italienischen Autoren vereinbaren. Denn entsprach sie auch der Überzeugung, daß das Völkerrecht allein die Willenserklärungen und Handlungen der Staaten, nicht aber die der natürlichen Personen in Betracht ziehen könne, so widersprach sie auf der anderen Seite doch der seit Marinoni nahezu unbestrittenen Erkenntnis, daß eine materielle Identität zwischen dem Staat und seinen Organen und damit zwischen dem Handeln des Staates und demjenigen seiner Organe sich allein aus der „physischen Wirklichkeit" ergeben könnte, von dieser aber gerade nicht bestätigt werde. Im Gegenteil, in der physischen Wirklichkeit — so wurde allgemein angenommen — gebe es allein ein Handeln und Wollen natürlicher Personen, das allerdings *im Bereich des Völkerrechts* allein als Handeln und Wollen der Staaten Beachtung finden könne.

Gerade diese Feststellungen führten die klassische Lehre Italiens aber zu der Überzeugung, daß die Existenz eines staatlichen Willens allein das Ergebnis einer *normativen* Wertung von seiten des Völkerrechts sein könne, die es gestatte, eine Willenserklärung oder Handlung, deren Urheber im physischen Bereich eine natürliche Person ist, für den Bereich des Völkerrechts als eine Willenserklärung oder Handlung des Staates anzusehen. Sie gelangte so zu einer These, die sich letztlich als ein Mittelweg zwischen der Organtheorie und der Repräsentationstheorie darstellte, nämlich zur Theorie der rechtlichen Zurechnung. Gleich der Organtheorie kennt auch die Theorie der rechtlichen Zurechnung *im Bereich*

---
[3] Zur Auseinandersetzung zwischen der Repräsentationstheorie und der Organtheorie im Bereich des Völkerrechts vgl. z. B. *Cavaglieri*, 103 f.
[4] Vgl. z. B. *Gierke*, Privatrecht, 472 f.; *ders.:* Genossenschaftstheorie, 624 ff.
[5] Vgl. z. B. *Romano*, Frammenti, Stichwort: Organi, 154 f.

des Völkerrechts allein ein Handeln und Wollen der Staaten, erkennt aber gleichzeitig an, daß diese *im Bereich der physischen Wirklichkeit* notwendigerweise auf ein Wollen und Handeln natürlicher Personen angewiesen sind, so daß sie insofern stets notwendigerweise *durch* natürliche Personen handeln und wollen. Dieses Handeln und Wollen der natürlichen Personen wird vom Völkerrecht jedoch nicht *als solches* in Betracht gezogen — dem stünde die fehlende Völkerrechtssubjektivität des fraglichen Personenkreises entgegen —, sondern geradezu seines physischen Urhebers entledigt und, ehe es irgendwelche Rechtswirkungen entfalten kann, dem Staat durch einen völkerrechtlichen Rechtssatz als eigenes zugerechnet. Dieser trägt sodann die Rechtsfolgen für ein eigenes Handeln.

Die Theorie der rechtlichen Zurechnung sollte in Italien eine große Anzahl von Anhängern finden. Ihre theoretischen Grundlagen wurden bereits von einem Autor gelegt, dem es schon einmal gelungen war, die italienische Lehre nachhaltig zu beeinflussen: *Dionisio Anzilotti*.

2. Die Theorie von Anzilotti (2. Version)

Hatte *Anzilotti* in früherer Zeit entsprechend der historischen Entwicklung des Problems in Deutschland noch die Frage nach den Voraussetzungen der Gültigkeit völkerrechtlicher Verträge in den Mittelpunkt seiner Betrachtungen gestellt[6], so folgte er bereits wenige Jahre später in einer zweiten Stellungnahme[7] einer Fragestellung, die seit Marinoni allgemein in Italien den Ausgangspunkt aller Überlegungen bilden sollte, nämlich der Frage, auf welche Weise die Staaten völkerrechtlich relevante Handlungen und Willenserklärungen vornehmen können.

Die Begriffe „Willen" und „Handeln", so führte der Autor einleitend aus, haben im Bereich der Rechtswissenschaft eine andere Bedeutung als in anderen wissenschaftlichen Disziplinen. Während so z. B. in der Psychologie der „Wille" stets der „Willensakt" oder das „Wollen" sei, sei er im Bereich der Rechtswissenschaft das, was *rechtlich* als gewollt gelte, oder das, was das Recht einem bestimmten Rechtssubjekt als von ihm gewollt zurechne, und zwar unabhängig davon, ob es mit einem tatsächlichen Willen übereinstimme oder nicht. Anders als im Bereich der Psychologie leite damit die Zurechnung im Bereich des Rechts ihre Wirkung ausschließlich aus einer Rechtsnorm ab, „ein Willen (oder) eine Handlung werden einem bestimmten Rechtssubjekt zugerechnet, allein weil die

---

[6] Vgl. oben I. Teil, 2. Kap., 1. Abschnitt, Ziff. 2.

[7] *Anzilotti*, Dionisio, Corso di diritto internazionale, Vol. I, Opere di Dionisio Anzilotti, Vol. I (Padova 1964) 221 ff., 302 ff. (Deutsche Fassung: Lehrbuch des Völkerrechts, Bd. I [Berlin - Leipzig 1929], 187 ff., 255 ff.) Der nachfolgenden Darstellung liegt das italienische Original zugrunde. Aus ihm sind auch die Zitate entnommen.

Norm dies bestimmt"[8]. Damit unterscheide sie sich aber auch von der Kausalität, denn unter einem rechtlichen Gesichtspunkt bestehe zwischen einer bestimmten Person und einer bestimmten Tatsache nicht deshalb eine Verbindung, weil diese Tatsache von dieser Person verwirklicht oder gewollt sei, sondern weil eine Rechtsnorm sie ihr zurechne.

Diese Grundsätze seien auch für die Beurteilung der Frage nach dem Handeln und Wollen des Staates im Bereich des Völkerrechts entscheidend. Betrachte man die physische Wirklichkeit, so gebe es lediglich ein Handeln und Wollen von natürlichen Personen, „jedoch gibt es Wollen und Handeln von natürlichen Personen, das rechtlich als Wollen und Handeln des Staates gilt, weil das Recht es dem Staat zurechnet, d. h. also, weil es dieses zur Voraussetzung von Rechten und Pflichten des Staates macht"[9]. Dabei stellten diejengen natürlichen Personen, deren Tätigkeiten Objekte der Zurechnung an den Staat seien, die Organe des Staates dar, die jedoch im Gegensatz zum Vertreter im Sinne der Repräsentationstheorie als Organe nicht gleichzeitig Rechtssubjekte derjenigen Rechtsordnung zu sein brauchten, die die rechtliche Zurechnung vornehme[10]. Da Zurechnung an ein Rechtssubjekt auf der anderen Seite aber bedeute, „daß man diese zur Voraussetzung von Rechten und Pflichten dieses Subjektes macht, setzt die Zurechnung die Rechtspersönlichkeit voraus, oder besser, beide gehen ineinander über: Subjekt der rechtlichen Zurechnung und Rechtspersönlichkeit sind Synonyma"[11].

Leite aber die rechtliche Zurechnung ihre Wirkung einzig und allein aus einer Rechtsnorm ab, so bestimme sie sich in jeder Rechtsordnung auch ausschließlich nach den Normen dieser Rechtsordnung und daher im Bereich der zwischenstaatlichen Beziehungen auch ausschließlich nach den Normen des Völkerrechts[12]. Allein das Völkerrecht könne also dem Staat die Willensakte und Handlungen bestimmter natürlicher Personen zurechnen, allein das Völkerrecht könne bestimmen, wann eine Willenserklärung oder eine Handlung einer natürlichen Person rechtlich als Wille oder Handlung eines Staates gegenüber einem anderen Staate gelte. Dabei könne es als Ausdruck einer autonomen Wertung die Zurechnung auch von der Tatsache abhängig machen, daß die natürliche Person mit dem Staat nach dessen Recht durch ein besonderes Verhältnis verbunden sei, jedoch finde dieses innerstaatliche Rechtsverhältnis stets nur dann Berücksichtigung, wenn eine völkerrechtliche Norm dies verfüge, sodann auch nur in den Fällen und innerhalb der Grenzen, die diese Norm vorsehe. *Als solches* sei es hingegen im Völkerrecht irrelevant[13].

---

[8] Ebd., 222. Ähnlich deutlich *Baldoni*, 353 f.; vgl. auch *Maresca*, 208.
[9] *Anzilotti*, Corso, 222.
[10] Ebd., 222 f.
[11] Ebd., 223.
[12] Ebd., 224.
[13] Ebd., 224. Vgl. so auch *Baldoni*, 355 ff.

Untersuche man nunmehr das Völkerrecht unter diesen Gesichtspunkten, so ergebe sich, daß in seinem Bereich die Feststellung der Voraussetzungen der Zurechnung in Wahrheit zumeist durch besondere Verfahren erfolge, die sich in der völkerrechtlichen Praxis herausgebildet hätten und die in einer offiziellen Bescheinigung bestimmter rechtlicher Eigenschaften bestimmter natürlicher Personen ihren Ausdruck fänden, nämlich in der Notifikation, der Akkreditierung, den Vollmachten, den äußeren Kennzeichen und so weiter[14]. Diese Bescheinigungen seien in aller Regel zum Nachweis der Existenz eines bestimmten innerstaatlichen Rechtsverhältnisses zwischen dem fraglichen Staat und der betreffenden natürlichen Person erforderlich aber auch ausreichend[15]. Stehe ein solches Verhältnis anhand der genannten Bescheinigungen fest, so vollziehe das Völkerrecht sodann die weiteren Wertungen in vollkommen autonomer Weise und rechne dem Staat bald alle völkerrechtlich relevanten Handlungen und Willensäußerungen der betreffenden natürlichen Person, die diese als staatliches Organ vornehme, zu, bald nur bestimmte Tätigkeiten, die mit der speziellen Funktion des betreffenden Organs in Zusammenhang stünden. Ein eventueller Widerspruch zwischen den völkerrechtlichen Normen, die eine bestimmte Handlung einer bestimmten natürlichen Person dem Staat als eigene zurechneten, und den Normen des Verfassungsrechts, die dieser Person nicht die entsprechenden Kompetenzen verliehen, löse sich wie jeder Widerspruch zwischen den Normen des Völkerrechts und denen des Landesrechts: „Jede Norm wirkt in ihrem eigenen Bereich und nur in diesem. Weder hat die Inkompetenz des Organs nach innerstaatlichem Recht Einfluß auf die Zurechnung durch das Völkerrecht — es sei denn, daß dieses auf jenes Bezug nimmt — noch kann sie die Zurechenbarkeit eines Aktes nach dem Völkerrecht in eine Zuteilung von Kompetenzen mit Wirkung für das Landesrecht verwandeln[16]."

Allein diese Grundsätze seien schließlich auch geeignet, die Frage nach den Voraussetzungen der Gültigkeit völkerrechtlicher Verträge und die nach dem Einfluß der kompetenzbeschränkenden Vorschriften des Verfassungsrechts auf die Gültigkeit dieser Verträge einer befriedigenden Lösung zuzuführen.

Jeder Staat, so führte der Autor aus, notifiziere offiziell den anderen Staaten diejenige natürliche Person oder dasjenige Kollegium, das er als allgemeines Organ zur Unterhaltung seiner internationalen Beziehungen

---

[14] Ebd., 225.
[15] Die Bedeutung der „völkerrechtlichen Legitimation" der staatlichen Stellen als Element der völkerrechtlichen Zurechnung betont auch *Miele*, 90 ff. Anders als *Anzilotti* geht *Miele* dabei jedoch davon aus, daß die Zurechnung nur auf der Grundlage der „effektiven Organisation" des betreffenden Staates, die sich damit als ein zweites (faktisches) Element der Zurechnung darstellt, erfolgen könne.
[16] Ebd., 225.

bestimmt habe — dies sei in der Regel das Staatsoberhaupt — und in der Kennzeichnung dieser Person bzw. dieses Kollegiums erschöpften die Notifikation und die entsprechende Kenntnisnahme von seiten der anderen Staaten auch ihren Zweck und ihre Wirkung[17]. Insbesondere übten sie als Akte des Völkerrechts keinerlei Wirkungen auf die innerstaatlichen Beziehungen zwischen dem Staat und den für ihn handelnden natürlichen Personen aus und seien daher auch keinesfalls geeignet, verfassungsmäßige Kompetenzen zu begründen. Fehle aber aus irgendeinem Grund eine offizielle Notifikation, so gelte in völkerrechtlicher Hinsicht als Staatsoberhaupt diejenige Person oder dasjenige Kollegium, das de facto als solches auftrete: qui actu regit[18].

Überlasse so das Völkerrecht die Einsetzung der Organe auch den einzelnen Staaten, so lege es jedoch sodann im weiteren von dieser landesrechtlichen Bestimmung ausgehend selbständig die Voraussetzungen der Zurechnung fest[19]. So rechne es dem Staat alle diejenigen Willenserklärungen und Handlungen zu, die das Staatsoberhaupt — d. h. also diejenige Person, die den anderen Staaten als solches notifiziert worden ist oder die de facto als solches auftritt — in dieser seiner Eigenschaft im Bereich der internationalen Beziehungen vorgenommen habe[20]. Denjenigen Normen des Verfassungsrechts, die die Kompetenz des Staatsoberhauptes einschränkten, könne dabei nach den allgemeinen Grundsätzen im Rahmen der vom Völkerrecht zu vollziehenden Zurechnung nur dann eine irgendwie geartete Bedeutung zukommen, wenn dieses auf sie verweise, wenn es also bestimme, „daß der auf den Vertragsschluß gerichtete Wille nur dann und nur insofern dem Staat zugerechnet werden kann, wenn er von einem verfassungsrechtlich zuständigen Organ erklärt worden ist. Die verfassungsrechtliche Kompetenz wäre so nach dem Willen des Völkerrechts eine Voraussetzung für die Anwendbarkeit der völkerrechtlichen Normen, von denen die Zurechnung abhängt"[21].

Jedoch enthalte das Völkerrecht eine solche Verweisungsnorm nicht. Es sei nicht nur bis jetzt keinem Autor gelungen, ihre Existenz nachzuweisen, vielmehr gehe im Gegenteil auch die Überzeugung der Staaten sogar dahin, „daß eine Untersuchung zur Feststellung der Verfassungsmäßigkeit der von dem Staatsoberhaupt eines fremden Staates vorgenommenen Handlungen weder erforderlich noch zulässig ist"[22].

---

[17] Ebd., 226 f.
[18] Ebd., 227.
[19] Ebd., 228.
[20] Ebd., 227.
[21] Ebd., 307, 228. A. A. *Miele* (90 ff.), nach dem die durch die staatliche Organisation bestimmte Kompetenz staatlicher Stellen eine tatsächliche Voraussetzung der völkerrechtlichen Zurechnung darstellt.
[22] Ebd., 228, 308 f.

Damit sei der einzige Akt, dem völkerrechtliche Relevanz zukomme, die Erklärung des Staatsoberhauptes. Dieses allein habe auch die Befugnis festzustellen, ob die von der Verfassung geforderten Bedingungen erfüllt seien oder nicht[23]. So rechne das Völkerrecht dem Staat die Handlungen des Staatsoberhauptes[24] immer dann, aber auch nur dann, zu, wenn die völkerrechtlich geforderten „formellen äußeren Bedingungen" erfüllt seien[25], „ohne Rücksicht auf die verfassungsrechtlichen Bestimmungen, die dessen Kompetenz irgendwie beschränken oder ihm Pflichten auferlegen"[26]. Daher sei ein Vertrag auch dann gültig, wenn das Staatsoberhaupt eine Erklärung abgegeben habe, zu deren Abgabe es nicht ermächtigt gewesen sei, oder wenn es bei der Abgabe der Erklärung seine verfassungsrechtlichen Pflichten verletzt habe, solange nur die vom Völkerrecht festgelegten Voraussetzungen erfüllt seien[27].

Dies bedeute aber nicht, daß die verfassungsrechtlichen Bestimmungen ohne jegliche Wirkungen seien. „Diese Normen behalten vielmehr ihre volle Bedeutung, jedoch in ihrem eigenen Bereich und mit den Garantien und den Rechtswirkungen, die Verfassungsnormen eigen sind[28]."

---

[23] Ebd., 308.
[24] ... aber auch die der anderen staatlichen Organe, „die in der erforderlichen Form zu Vertragsverhandlungen und zum Vertragsschluß ermächtigt sind", ebd., 310.
[25] Ebd., 228.
[26] Ebd., 310.
[27] Ebd., 228 f.
[28] Ebd., 309.

2. Kapitel

Zurechnung und Organisation des Staates —
Das Problem der Kompetenz-Kompetenz

1. Problemstellung

Die Theorie *Anzilottis* zum Handeln des Staates im Bereich des Völkerrechts wurde von einer solch großen Anzahl von Autoren übernommen, daß sie noch heute als die in Italien vorherrschende Lehre bezeichnet werden kann.

Einhellig gingen die Anhänger dieser These in Zukunft vor allem davon aus, daß die Existenz eines völkerrechtlich relevanten staatlichen Willens oder Handelns allein das Ergebnis einer völkerrechtlichen Wertung sein könne, nach der das Wollen oder Handeln von natürlichen Personen dem Staat durch *Rechtssatz* als eigenes zugerechnet werde. Ja, die Vorstellung einer rechtlichen Zurechnung der Tätigkeiten von natürlichen Personen an den Staat blieb in der Überzeugung jener Autoren sogar so stark verwurzelt, daß sie in der Folgezeit nur noch mehr oder weniger beiläufig erwähnt und mehr oder weniger stillschweigend zum Ausgangspunkt weiterer Überlegungen gemacht wurde.

Schien so die Frage nach dem Handeln des Staates im Bereich des Völkerrechts in rechtsdogmatischer Hinsicht durch die Theorie der rechtlichen Zurechnung eine endgültige Lösung erfahren zu haben, so eröffnete doch gerade diese These auf der anderen Seite eine neue Problematik, und gerade sie ließ schließlich auch in Italien die Frage nach der zuständigen Rechtsordnung zur Bestimmung der Kompetenz staatlicher Stellen entstehen. Denn konzipierte man die rechtliche Zurechnung in der geschilderten Weise und hielt man an der ausschließlichen Zuständigkeit des Völkerrechts zur Vornahme der Zurechnung fest, so stellten die Normen über die Zurechnung zugleich diejenigen Normen dar, die die abstrakte Wesenseinheit Staat — jedenfalls im Bereich des Völkerrechts — erst willens- und handlungsfähig und damit zu einem möglichen Träger völkerrechtlicher Rechte und Pflichten machten. Sie waren es, die — wie bereits *Anzilotti*[1] angedeutet hatte — den Staat erst zu einem möglichen Adressaten völkerrechtlicher Normen und damit zu einem möglichen

---
[1] Corso, 223.

Rechtssubjekt der Völkerrechtsordnung machten, kurz, die die Organisation des Staates als Völkerrechtssubjekt besorgten.

Gerade dieses Ergebnis stand aber im Widerspruch zu der allgemeinen Überzeugung, daß jeder Staat selbst seine Organisation vorzunehmen habe[2], ja daß im weiteren Rahmen die Existenz einer staatlichen Organisation sogar eine Voraussetzung für die Zuerkennung der Völkerrechtssubjektivität darstelle. Waren so die Normen über die Zurechnung nach einhelliger Ansicht der Autoren als Zurechnungsnormen auch der alleinigen Regelungsbefugnis des Völkerrechts unterworfen, so schienen sie doch als Normen zur Organisation des Staates gleichzeitig mit dem Regelungsanspruch des Landesrechts zur Vornahme der staatlichen Organisation zu konkurrieren.

So ist es denn auch der Versuch, die sich scheinbar widersprechenden Ansprüche von Völkerrecht und Landesrecht miteinander zu vereinbaren, der die weitere Auseinandersetzung innerhalb der Theorie der rechtlichen Zurechnung prägte. Erst die Diskussion über das Recht zur Organisation der Staaten führte die italienischen Autoren zur Frage nach der zuständigen Rechtsordnung zur Bestimmung der Kompetenz staatlicher Stellen und schließlich auch zu Ergebnissen, die teils denen der deutschen Lehre sehr ähnlich sind, teils aber auch — insbesondere im Ausland — als geradezu charakteristisch für die italienische Lehre angesehen werden, nämlich zur Annahme einer Verweisung des Völkerrechts auf das Landesrecht auf der einen und zur Annahme einer Verweisung des Völkerrechts auf die faktische Organisation des Staates auf der anderen Seite. Nur wenige Autoren hielten demgegenüber an der überkommenen Ansicht fest, daß allein das Landesrecht zur Vornahme der Organisation des Staates und damit auch zur Regelung der Kompetenz staatlicher Stellen befugt sei.

2. Die Verweisung des Völkerrechts auf das Landesrecht — Die Theorie von Perassi

Es ist *Perassi*[3], der als erster Autor eine eindeutige Verbindung zwischen den Normen zur Zurechnung der Tätigkeiten von natürlichen Personen an den Staat und den Normen zur Organisation des Staates als Völkerrechtssubjekt herstellte.

Den Staaten, so stellte der Autor zu Beginn seiner Ausführungen fest, fehle wie allen übrigen Völkerrechtssubjekten die Fähigkeit zu handeln und zu wollen, eine Fähigkeit, die auf der anderen Seite aber eine unabdingbare Voraussetzung für die Anerkennung der Völkerrechtssubjek-

---

[2] Vgl. so bereits *Donati*, 92 f.
[3] *Perassi*, Tomaso, Lezioni di diritto internazionale, Parte I (5. rist., Padova 1958), 102 ff.

tivität jeglicher Personenverbände bilde. Daher könne ein Personenverband als abstrakte Wesenseinheit nur insoweit Rechtssubjektivität erlangen, „als er sich durch die natürliche Fähigkeit bestimmter Menschen zu wollen und zu handeln als tätige Einheit darstellt, d. h. also als Einheit, der ein Wollen und Handeln als eigenes zugerechnet wird"[4]. Das Verfahren, durch das eine solche abstrakte Wesenseinheit Rechtssubjektivität erlange, bestehe in ihrer Organisation oder anders ausgedrückt in der „Gesamtheit der Normen, die bestimmen, unter welchen Voraussetzungen die Willenserklärungen und Handlungen bestimmter natürlicher Personen sich als eigene des Verbandes darstellen"[5]. Dabei komme die Organisation eines Personenverbandes, „d. h. also (der Erlaß der) Gesamtheit der Rechtsnormen, die die Voraussetzungen festlegen, unter denen eine Willenserklärung oder eine Handlung bestimmter natürlicher Personen dem Personenverband als eigene zugerechnet werden können", stets derjenigen Rechtsordnung zu, als deren Rechtssubjekt sich der Personenverband betrachte[6]. Denn berücksichtige eine Rechtsordnung eine Willenserklärung oder eine Handlung, um an ihre Verwirklichung bestimmte Rechtsfolgen zu binden, so lege auch allein sie durch ihre eigenen Rechtsnormen die Voraussetzungen für die Zurechnung dieser Erklärung oder Handlung an ein bestimmtes Rechtssubjekt fest. „Zurechnung eines Willens oder einer Handlung an ein Rechtssubjekt und Bestimmung der Rechtswirkungen, die diese für das Rechtssubjekt, dem sie zugerechnet werden können, erzeugen, sind korrespondierende rechtliche Vorgänge, die von ein- und derselben Rechtsordnung abhängen[7]."

So könne auch die Organisation derjenigen Personenverbände, die als Völkerrechtssubjekte handeln, allein vom Völkerrecht vorgenommen werden[8], und dementsprechend könne auch allein anhand des Völkerrechts — und nicht etwa anhand des Landesrechts — entschieden werden, ob eine Willenserklärung oder eine Handlung dem Staat als eigene als Voraussetzung dafür zugerechnet werde, ihm als Völkerrechtssubjekt diejenigen Rechtsfolgen aufzuerlegen, die das Völkerrecht an die Vornahme der Erklärung oder der Handlung binde[9]. Die Möglichkeit einer Verweisung des Völkerrechts auf das Landesrecht bleibe davon jedoch unberührt.

Damit sei zwar allein das Völkerrecht zur Vornahme der Organisation der Staaten als Völkerrechtssubjekte befugt, jedoch bekenne sich dieses seinerseits zu dem Grundsatz, jedem Staat die Freiheit, sich eine eigene

---
[4] Ebd., 102.
[5] Ebd., 102 f.
[6] Ebd., 103.
[7] Ebd., 103.
[8] Ebd., 103 f.
[9] Ebd., 104.

Organisation zu geben, zu lassen. Nur in seltenen Fällen verpflichte es gewisse Staaten, ihre Organisation in einer bestimmten Weise vorzunehmen. Grundsätzlich aber gelte die Freiheit zur Selbstorganisation, und zwar für den gesamten Bereich der Organisation. Diese Freiheit beziehe sich damit auch auf die „Erscheinungsformen und die Funktionsweise" derjenigen Organe, die als Instrumente des Staates in internationalen Bereichen zu wirken bestimmt seien[10]. So unterstehe die Organisation der Staaten zwei gegensätzlichen Prinzipien: dem Grundsatz, wonach jede Rechtsordnung selbst die Voraussetzungen der Zurechnung eines für seinen Bereich relevanten Willens oder Handelns bestimme, auf der einen und dem Prinzip des Selbstorganisationsrechts der Staaten auf der anderen Seite. Um diese beiden Grundsätze miteinander zu vereinbaren, verzichte das Völkerrecht in der Regel darauf, die Voraussetzungen der Zurechnung unmittelbar und für alle Staaten einheitlich festzulegen, und bediene sich statt dessen zur Erfüllung seiner Aufgaben eines mittelbaren Verfahrens und verweise zu diesem Zweck auf die innerstaatlichen Organisationsnormen eines jeden Staates[11].

Da diese Bezugnahme auf das innerstaatliche Recht jedoch lediglich zur Konkretisierung des Inhalts der eigenen Normen diene, könne das Völkerrecht auch selbst die Grenzen und den Umfang der Verweisung frei bestimmen[12]. So sei es einmal denkbar, daß es auf die Gesamtheit der innerstaatlichen Organisationsnormen verweise und als Voraussetzung für die Zurechenbarkeit bestimmter Tätigkeiten alle diejenigen Bedingungen übernehme, die auch das innerstaatliche Recht hierfür aufgestellt habe. Denkbar sei aber auch, daß das Völkerrecht nur auf einzelne Normen der innerstaatlichen Organisation verweise und nicht alle Bedingungen übernehme, die das Landesrecht für die Zurechenbarkeit bestimmter Tätigkeiten aufgestellt habe[13]. In diesem Fall könnten Völkerrecht und Landesrecht durchaus zu unterschiedlichen Ergebnissen gelangen[14].

Welche dieser beiden theoretisch denkbaren Lösungen das Völkerrecht tatsächlich gewählt habe, in welchem Umfang es also effektiv zur Bestimmung der Voraussetzungen der Zurechnung auf das Landesrecht verweise, lasse sich nur durch eine genaue Interpretation der entsprechenden Völkerrechtsnormen feststellen[15]. Eine Untersuchung dieser Normen hatte sich der Autor für einen späteren Zeitpunkt vorgenommen, jedoch sollte diese Untersuchung nicht mehr erscheinen.

---

[10] Ebd., 105.
[11] Ebd., 106. Ähnlich *Vedovato*, 7 f.
[12] Ebd., 107.
[13] In diesem Sinne wohl *Monaco*, 70 ff., 316 ff., vgl. aber auch S. 321 f.
[14] *Perassi*, 107 f.
[15] Ebd., 108.

2. Kap.: Das Problem der Kompetenz-Kompetenz

3. Die Verweisung des Völkerrechts auf die faktische Organisation des Staates — Die Theorie von Morelli, Sereni, Balladore Pallieri u. a.

Die Grundzüge der These *Perassis* wurden auch von denjenigen Autoren übernommen, die sich, wie z. B. *Morelli*[16], *Sereni*[17] oder *Balladore Pallieri*[18], unter dem gleichzeitigen Einfluß *Marinonis* zu einer Auffassung bekannten, die noch heute in Italien viele Anhänger findet, nämlich zur Theorie der Verweisung des Völkerrechts auf die faktische Organisation des Staates[19].

Rechtssubjekte des Völkerrechts, so stellten die Anhänger dieser These fortan übereinstimmend fest, könnten nur diejenigen Personenverbände sein, die das Recht als selbst willens- und handlungsfähig ansehe, denn nur dann könnten sie Adressaten völkerrechtlicher Normen und damit auch Träger völkerrechtlicher Rechte und Pflichten sein. Dabei sei ihnen jedoch als abstrakten Wesenseinheiten die Fähigkeit zu handeln und zu wollen nicht etwa von Natur aus zu eigen, vielmehr mache erst eine rechtliche Wertung sie im rechtlichen Sinne handlungs- und willensfähig, nämlich die durch Rechtsnormen bewirkte Zurechnung des Wollens und Handelns natürlicher Personen an den betreffenden Personenverband. Dies gelte auch für den Staat, denn auch den Staat mache erst eine rechtliche Wertung willens- und handlungsfähig, und erst sie ermögliche die Annahme eines staatlichen Handelns und Wollens[20]. Sei jedoch ein staatliches Handeln und Wollen allein das Ergebnis einer rechtlichen Wertung, so folge daraus zugleich, daß das Recht auch selbst frei die Voraussetzungen der Zurechnung bestimmen könne, und in der Tat stelle es zwei grundlegende Voraussetzungen hierfür auf: Einmal die Organeigenschaft der handelnden natürlichen Personen gegenüber dem betreffenden Rechtssubjekt, „d. h. also die *Eignung* der natürlichen Personen .., Handlungen oder Willensakte vorzunehmen, die dem Rechtssubjekt zugerechnet werden können", zum anderen die *Kompetenz* des Organs, „d. h. also die Grenzen, innerhalb derer die von diesem vorgenommenen Handlungen oder Willensakte in concreto dem Rechtssubjekt zugerechnet werden"[21]. Die sich hierauf beziehenden Rechtsnormen bildeten in ihrer Gesamtheit die Normen zur Organisation des Staates als Völkerrechtssubjekt.

---

[16] *Morelli*, Gaetano, Nozioni di diritto internazionale (6. ed., Padova 1963), 183 ff.

[17] *Sereni*, Angelo Piero, Diritto internazionale, Vol. II, Organizzazione internazionale, Sez. 1, Soggetti a carattere territoriale (Milano 1958), 455 ff.

[18] *Balladore Pallieri*, Giorgio, Diritto internazionale pubblico (8. ed., Milano 1962), 123 ff.; vgl. aber auch *ders*.: La formation, 465 ff.

[19] Vgl. z. B. *Curti Gialdino*, Imputazione, 443 ff.; *ders*.: Rimessa, 126 f.

[20] Vgl. *Morelli*, 183 ff.; *Sereni*, 455 f.; *Balladore Pallieri*, Diritto internazionale, 123.

[21] *Morelli*, 185 (Hervorhebungen durch den Verfasser); vgl. auch *Sereni*, 456 f.

Als Normen zur Organisation des Staates als Völkerrechtssubjekt könnten sie aber nur dem Völkerrecht entnommen werden, denn es sei nur folgerichtig, anzunehmen, daß sie stets der gleichen Rechtsordnung angehören müßten, „von der die Rechtspersönlichkeit der fraglichen Personenverbände abhängt und die auch diejenigen Normen enthält, die die Handlungen und Willensakte, die in materieller Hinsicht von natürlichen Personen vorgenommen worden sind, in Betracht ziehen und als Erfüllung oder Verletzung von Pflichten oder als Ausübung rechtlicher Positionen, subjektiver Rechte oder rechtlicher Befugnisse werten"[22]. Infolgedessen könne auch allein das Völkerrecht bestimmen, „welche natürlichen Personen ... die Eigenschaft eines Organs der eigenen Rechtssubjekte haben", und allein das Völkerrecht könne auch die Kompetenz dieser Organe festlegen[23]. Dies folge nicht zuletzt auch aus dem allgemeinen Grundsatz, „wonach die Organisation eines Personenverbandes nur von derjenigen Rechtsordnung abhängen kann, als deren Rechtssubjekt er sich darstellt"[24].

Auf der anderen Seite enthalte aber auch jede innerstaatliche Rechtsordnung eine Reihe von Vorschriften, die ebenfalls die Organe des Staates bestimmten und deren Kompetenz festlegten und die damit ebenfalls eine Organisation des Staates vornähmen. Die Fähigkeit zum Erlaß dieser Normen leiteten die Staaten aus einem völkerrechtlichen Grundsatz des Selbstorganisationsrechts der Staaten ab, denn in der Tat gestatte es das Völkerrecht den Staaten, sich ihre eigene Organisation und diese in der Form zu geben, die sie bevorzugten[25]. Nach diesem Grundsatz könne auch jeder Staat frei „diejenigen Organe schaffen, die er für notwendig oder für nützlich erachtet, und auf andere verzichten, und er kann zwischen den einzelnen Organen seiner Wahl die Kompetenzen in der Weise verteilen, die ihm am günstigsten erscheint"[26]. Nur in ganz seltenen Fällen greife das Völkerrecht in das Organisationsrecht der Staaten ein, um ihnen eine bestimmte Staatsform oder eine bestimmte Regierungsform vorzuschreiben[27].

Sei die landesrechtliche Organisation der Staaten *als solche* im Bereich des Völkerrechts auch grundsätzlich irrelevant, so erlange sie doch auch hier eine gewisse Bedeutung, denn sie bilde eine unabdingbare Voraus-

---

[22] *Morelli*, 185 f.; vgl. auch *Sereni*, 456 f.; *Balladore Pallieri*, Diritto internazionale, 123 f.
[23] *Sereni*, 456 f.
[24] *Morelli*, 186.
[25] *Sereni*, 457, 461 f. Vgl. aber auch *Balladore Pallieri* (Diritto internazionale, 124), nach dem „es irrig ist, ... von einem völkerrechtlichen Recht der Staaten zu sprechen, sich frei zu konstituieren und zu organisieren. In Wirklichkeit handelt es sich weder um ein Recht noch um eine rechtliche Befugnis, sondern einfach um eine faktische Freiheit".
[26] *Sereni*, 461 f.
[27] *Sereni*, 462; *Balladore Pallieri*, Diritto internazionale, 124 f., 356 ff.

2. Kap.: Das Problem der Kompetenz-Kompetenz

setzung für die Existenz der Staaten schlechthin[28], die als Personenverbände ohne diese Organisation „in der konkreten Wirklichkeit" gar nicht bestünden, gar nicht „personifiziert" und damit auch gar nicht völkerrechtlichen Organisationsnormen unterstellt werden könnten[29]. Die Tatsache, daß der betreffende Personenverband sich bereits durch seine Organisation gebildet und konstituiert habe, stelle sich damit auch als eine unabdingbare Voraussetzung für den Erwerb der Völkerrechtssubjektivität dar[30], jedoch ziehe das Völkerrecht die staatliche Organisation insoweit nicht in ihrem rechtlichen Wert in Betracht, sondern als Faktum[31].

Stehe das Völkerrecht nunmehr vor der Aufgabe, die Voraussetzungen der Zurechnung zu bestimmen, so nehme es diese Regelung in den seltensten Fällen in autonomer Weise vor[32], vielmehr berücksichtige es in aller Regel „die Tatsache, daß seine Rechtssubjekte organisierte soziale Gruppen sind"[33] und verweise daher wenn auch nicht auf die innerstaatlichen Organisations*normen*[34], so doch auf die innerstaatliche Organisation, so wie sie sich tatsächlich für das Völkerrecht darstelle, d. h. also auf die faktische oder die effektive Organisation der Staaten[35]. Danach sehe es zunächst einmal „als Organe seiner Rechtssubjekte diejenigen natürlichen Personen ... an, die derjenigen Organisation angehören, mit der sich die Rechtssubjekte selbst tatsächlich versehen haben", zum anderen verleihe es den „so errichteten Organen einen Kompetenzbereich, der mit demjenigen übereinstimmt, der sich aus dieser faktischen Organisation seiner Rechtssubjekte ergibt"[36]. Zwar sei in aller Regel die faktische Organisation eines Staates mit dessen rechtlicher Organisation identisch[37], so daß man oftmals erstere gerade anhand der letzteren ermitteln könne. Jedoch sei dies nicht immer und keineswegs notwendigerweise der Fall,

---
[28] *Sereni*, 456.
[29] *Morelli*, 187.
[30] *Balladore Pallieri*, Diritto internazionale, 124; *Sereni*, 458 f.
[31] *Balladore Pallieri*, Diritto internazionale, 124 f.
[32] So z. B. nach *Morelli* (186 f.) hinsichtlich der diplomatischen Vertreter.
[33] *Morelli*, 187.
[34] Eine Ausnahme sieht jedoch *Sereni* (457) in der Bestellung des Außenministers. Hier finde eine Verweisung des Völkerrechts auf das Landesrecht statt, die es gestatte, den Grundsatz des Organisationsrechts des Völkerrechts mit dem Prinzip des Selbstorganisationsrechts der Staaten zu vereinbaren.
[35] *Morelli*, 187 f.; *Sereni*, 461; *Balladore Pallieri*, Diritto internazionale, 125, 127 f., 131 f.
[36] *Morelli*, 187; vgl. auch *Sereni*, 462 ff.; *Balladore Pallieri*, Diritto internazionale, 127 f.
[37] Vgl. auch *Balladore Pallieri* (Diritto internazionale, 127 f.), nach dem die faktische Organisation eines Staates zumeist auch deshalb mit dessen landesrechtlicher Organisation übereinstimme, weil sich auch die landesrechtliche Organisation nach dem Grundsatz der Positivität nach den tatsächlichen Machtverhältnissen bestimme. (Vgl. hierzu auch *Bernardini*, 338 ff.) Divergenzen zwischen der faktischen Organisation im Völkerrecht und der im Landesrecht ergäben sich nur aus der rigoroseren Anwendung des Grundsatzes der Effektivität von seiten des Völkerrechts.

„so daß man im Falle eines Kontrastes zwischen der effektiven und der rechtlichen Organisation nur die erstere berücksichtigen darf, um in concreto zu bestimmen, ob die Voraussetzungen, von denen die Völkerrechtsordnung die Zurechnung eines Willens oder einer Handlung einer natürlichen Person an ein Rechtssubjekt abhängig macht, gegeben sind oder nicht"[38].

Damit sei es auch durchaus möglich, daß das Völkerrecht zu anderen Ergebnissen gelange als das Landesrecht. So könne es einmal als Organe des Staates auch solche Personen ansehen, denen diese Eigenschaft nach dem innerstaatlichen Recht nicht zukomme, nämlich dann, wenn diese Personen de facto als Organe des Staates gehandelt haben[39]. Hierzu reiche jedoch die bloße subjektive Behauptung, als Organ des Staates zu handeln, nicht aus, vielmehr „ist darüber hinaus ein Verhalten der staatlichen Organisation in ihrer Gesamtheit erforderlich, das zu der Behauptung nicht in Widerspruch steht, denn ohne dieses Verhalten könnte man nicht sagen, daß diese Person faktisch als Teil der staatlichen Organisation erscheint"[40]. Zum anderen könne das Völkerrecht dem Staat auch solche Handlungen bestimmter Personen zurechnen, die diese zwar in ihrer Eigenschaft als Organe, aber außerhalb ihres innerstaatlichen Kompetenzbereiches oder unter Verletzung des innerstaatlichen Rechts vorgenommen haben, und zwar dann, wenn diese Organe in Übereinstimmung mit der effektiven Kompetenzverteilung, d. h. also mit derjenigen Kompetenzverteilung gehandelt haben, die sich bei einer faktischen Betrachtungsweise in dem bestimmten Augenblick ergebe[41]. Ob dies der Fall sei, lasse sich nur „unter Berücksichtigung derjenigen Haltung (feststellen), die die Gesamtheit der staatlichen Organe gegenüber der Tätigkeit, die eines von ihnen vorgenommen hat, einnimmt"[42].

Nach diesen Grundsätzen sei auch die umstrittene Frage nach dem Einfluß der Vorschriften des Verfassungsrechts auf die Gültigkeit völkerrechtlicher Verträge zu beurteilen[43]. Auch insoweit gelte, daß allein das

---

[38] *Morelli*, 188; vgl. auch *Sereni*, 463.
[39] *Morelli*, 190 f.; *Sereni*, 463 ff.
[40] *Morelli*, 191.
[41] *Morelli*, 191 f.; *Sereni*, 465 f.
[42] *Morelli*, 192.
[43] Eine Ausnahme bildet insoweit lediglich *Balladore Pallieri* (Diritto internazionale, 132 ff.), der sich sichtbar bemüht, seine diesbezügliche Aussage mit einer früheren Stellungnahme (La formation, 469 ff.) in Einklang zu bringen. In der Tat hatte der Autor zu einem früheren Zeitpunkt von der in Deutschland diskutierten Fragestellung ausgehend die Ansicht vertreten, daß allein das Landesrecht die Kompetenz staatlicher Stellen regeln könne (La formation, 470 ff.) und daß dessen Regelung grundsätzlich auch für den Bereich des Völkerrechts rechtlich relevant sei. Denn es sei „sûrement un principe général du droit, le principe d'après lequel tout corps moral décide quels sont ses organes, quels sont ceux compétents à traiter avec les tiers, et quelle est la compétence de chacun" (La formation, 472). Dieses Prinzip sei auch „intégralement

2. Kap.: Das Problem der Kompetenz-Kompetenz

Völkerrecht die Voraussetzungen der Zurechnung festlegen und daher auch allein bestimmen könne, welcher natürlichen Person die Eignung zukomme, Willenserklärungen abzugeben, die dem Staat zugerechnet werden können (Organstellung)[44], und innerhalb welcher Grenzen die von dieser Person abgegebenen Erklärungen dem Staat in concreto zugerechnet werden (Kompetenz). Jedoch bediene sich das Völkerrecht zur Erfüllung seiner Aufgabe auch hier eines „mittelbaren Verfahrens" und verweise auch hier auf die faktische Organisation des Staates. Danach rechne es dem Staat alle Willenserklärungen derjenigen Personen zu, die nach der faktischen Organisation des Staates zur Abgabe solcher Erklärungen berufen seien, soweit sie „in Konformität mit derjenigen Kompetenzaufteilung gehandelt (haben), die sich zum Zeitpunkt der Vornahme der Handlung tatsächlich herausgebildet hatte, wobei es unerheblich ist, ob diese Kompetenzaufteilung mit der des geltenden innerstaatlichen Rechts übereinstimmt oder nicht"[45]. Ob diese Konformität im konkreten Fall tat-

---

et sans discussion" vom Völkerrecht übernommen worden (La formation, 473), in dessen Bereich „loin de s'être formée seulement dans les temps modernes, la règle de la conformité du droit international au droit interne, pour ce qui concerne la compétence des organes, est parmi les règles les plus anciennes" (La formation, 474). Daher „rien ne s'oppose ... au principe de l'invalidité du traité au cas de l'incompétence constitutionnelle de l'organe qui l'a stipulé" (La formation, 476). Dennoch „au fur et à mesure que le droit se dévelope, on s'aperçoit qu'une liberté illimitée des sujets donnerait lieu à des inconvénients et mettrait en danger la sûreté des contractations, et alors le droit intervient, pose des règles impératives et fait naître la responsabilité du sujet même pour des actes émanent d'agents incompétents selon son règlement interne" (La formation, 475). Diese Schwierigkeiten, die sich durch die fortschreitende Entwicklung der Verfassungen der Staaten auch im Völkerrecht ergeben hätten, führten schließlich zu der Notwendigkeit, das Prinzip der Konformität zwischen Völkerrecht und Landesrecht durch das Prinzip des Gutglaubensschutzes zu ergänzen. Danach sei ein Vertrag immer dann gültig, „lorsqu'un Etat peut croire en bonne foi que l'organe avec lequel il a traité était compétent" (La formation, 483). Es sind diese Grundsätze, die Balladore Pallieri auch in seine neuere Theorie zu übernehmen sucht. Der Grundsatz der Verweisung des Völkerrechts auf die faktische Organisation des Staates, so macht er nunmehr einschränkend geltend, lasse sich nicht „vollständig" auf die Kompetenz zur Abgabe von Willenserklärungen übernehmen (Diritto internazionale, 132 ff.), denn die Willenserklärung eines Organs werde nicht bereits dann dem Staat als eigene zugerechnet, wenn die betreffende Person als Organ des Staates auftrete, sondern nur dann, wenn sie von einem solchen Organ abgegeben worden sei, das hierzu eigens ermächtigt sei oder dem diese Befugnis nach der allgemeinen Praxis zukomme (Diritto internazionale, 133; vgl. hierzu auch *Sereni*, 466). Trotz der grundsätzlichen Verweisung des Völkerrechts auf das Landesrecht in diesem Bereich, seien jedoch etwaige Kompetenzbeschränkungen dann völkerrechtlich irrelevant, „wenn der Staat in gutem Glauben annehmen kann, daß das Organ, mit dem er verhandelt hat, kompetent war" (Diritto internazionale, 135).

[44] ... dies sei in der Regel das Staatsoberhaupt. Vgl. *Morelli*, 194.
[45] *Morelli*, 194 ff. (Zitat 198 f.); *Sereni*, 467 ff. Dieses Ergebnis läßt sich nach Ansicht *Serenis* (469) auch auf die Feststellung stützen, daß „der Staat durch sein Verhalten einen Anschein erweckt (hat), der den anderen Teil berechtigterweise glauben läßt, daß das Organ die Kompetenz zum Handeln hatte; ein

sächlich bestehe, lasse sich nur bei Beachtung „derjenigen Haltung (beurteilen), die die Gesamtheit der staatlichen Organe gegenüber der Ausführung dieser bestimmten Handlung einnimmt"[46].

4. Die Theorie von Sperduti

Die Vorstellung einer rechtlichen Zurechnung von Handlungen und Willenserklärungen bestimmter natürlicher Personen an den Staat liegt schließlich auch der Theorie von *Sperduti*[47] zugrunde. Jedoch wendet sich der Autor entschieden gegen die Auffassung, daß das Völkerrecht — sei es auch nur im Wege der Verweisung — die Organisation des Staates als Völkerrechtssubjekt vornehmen und damit auch die Kompetenz staatlicher Stellen bestimmen könne.

Staatlicher Wille, davon sei auszugehen, sei für das Landesrecht wie auch für das Völkerrecht stets nur der verfassungsmäßige Wille, „d. h. also der Wille, der dem Staat von seiner eigenen Verfassung zugerechnet wird"[48], wie auch der Wille jeder anderen abstrakten Wesenseinheit stets derjenige sei, der dieser von ihrer eigenen Satzung zugerechnet werde. Dieser Wille sei der „Wille im historischen Sinn, er ist der einzig wirkliche Wille der Wesenseinheit"[49].

Jede abstrakte Wesenseinheit, so erläutert der Autor seine Vorstellungen, sei zugleich eine organisierte Wesenseinheit, denn nur die Organisation mache aus der realen Pluralität eine abstrakte Einheit. Den Organisationsnormen komme aber die Eigenschaft von Organisationsnormen nicht etwa bloß wegen des Umstandes zu, daß sie einer bestimmten Rechtsordnung angehörten, sondern vielmehr auch deshalb, weil sie effektiv eine Organisation vornähmen. Damit könnten sie auch unter einem doppelten Gesichtspunkt Beachtung finden: sehe man sie in ihrer Eigenschaft als *Rechtsnormen,* so komme ihnen eine solche Bedeutung lediglich in derjenigen Rechtsordnung zu, der sie angehörten, während sie in einer anderen Rechtsordnung den Wert von Rechtsnormen nur dann erlangen könnten, wenn sie „durch Verweisung oder eine andere Art der Rechtserzeugung in Rechtsnormen auch dieser Rechtsordnung umgewandelt" würden. Betrachte man sie jedoch in ihrer Eigenschaft „als Element der realen Existenz der Wesenseinheit, deren Satzung sie angehören, so sind

---

Staat kann gegen den von ihm erweckten Anschein keine widersprechenden Einwände erheben; der erweckte Anschein bindet den Staat, dem das betreffende Organ angehört". Vgl. hierzu bereits *Anzilotti*, Volontà, 579 f.

[46] *Morelli*, 199.

[47] *Sperduti*, Giuseppe, Rilevanza internazionale delle disposizione costituzionali sulla stipulazione dei trattati e suoi limiti, in: Scritti di diritto internazionale in onore di Tomaso Perassi, Vol. II, Milano 1957, 301 ff.

[48] Ebd., 303 f.

[49] Ebd., 304.

2. Kap.: Das Problem der Kompetenz-Kompetenz 71

sie ein Element einer historisch gegebenen Tatsache und können als solche Gegenstand einer Wertung von seiten mehrerer Rechtsordnungen sein"[50].

Gerade diese Betrachtungsweise sei aber im hier interessierenden Zusammenhang dem Völkerrecht zu eigen. Denn binde es das Entstehen von Rechten und Pflichten für den Staat als Völkerrechtssubjekt an einen entsprechenden Willen dieses Staates, so verleihe es einer Tatsache völkerrechtliche Relevanz, deren Existenz nicht anhand des Völkerrechts, sondern ausschließlich anhand des Verfassungsrechts festgestellt werden könne.

Dieser Ansicht stehe auch nicht etwa der Gedanke der Zurechnung entgegen, vielmehr finde sie in diesem, soweit man die erforderlichen Differenzierungen treffe, gerade ihre Erklärung. Denn betrachte man das Phänomen staatlicher Organisation in der geschilderten Weise, so zeige sich zugleich, daß *rechtliche* Zurechnung keinesfalls das gleiche sei wie *organische* Zurechnung und daß jedem der beiden Vorgänge trotz engsten inneren Zusammenhangs eine genau abgegrenzte Autonomie zukomme[51]. Eine Tatsache rechtlich zurechnen bedeute, „sie als Rechtstatsache einem Rechtssubjekt zuzuordnen, d. h. also, sie zu rechtlichen Zwecken als eine dem Rechtssubjekt zugehörige Tatsache anzusehen, und zwar mit allen Folgen, die sich daraus ergeben"[52]. Als rechtliche Zurechnung könne sie nur dann erfolgen, wenn das Recht dies wolle, wenn also alle vom Recht aufgestellten Voraussetzungen erfüllt seien. Da nun „eine Rechtstatsache eine rechtlich qualifizierte historische Tatsache ist und ein Rechtssubjekt eine historische Individualität, an die sich das Recht wendet, setzt das Recht eine gewisse Verbindung zwischen der historischen Tatsache und dem Rechtssubjekt voraus, damit diese Zurechnung erfolgen kann"[52]. Die geeignetste Verbindung zur Rechtfertigung der Zurechnung sei dabei der Umstand, daß die Tatsache unter ihrem historischen Aspekt von dem Rechtssubjekt herrühre, daß es sich also, soweit das Rechtssubjekt eine abstrakte Wesenseinheit sei, um eine Tatsache ihrer Organe handele. „Das bedeutet also, daß in bezug auf abstrakte Wesenseinheiten die organische Zurechnung (das ist also die verfassungsmäßige Zurechnung gesehen als historische Tatsache, Anm. d. Verf.) die normale und hinreichend gerechtfertigte Voraussetzung der rechtlichen Zurechnung (das ist also die völkerrechtliche Zurechnung, Anm. d. Verf.) ist[53]." Denn es könne allenfalls problematisch sein, in welchen Fällen z. B. eine völkerrechtliche Haftung des Staates für Tatsachen bestehe, die die interne Verfassung dem Staat nicht zuordne, keinesfalls lasse sich jedoch

---
[50] Ebd., 304.
[51] Ebd., 304 f.
[52] Ebd., 305.
[53] Ebd., 305.

ernsthaft „die völkerrechtliche Haftung der Staaten für solche Tatsachen bezweifeln, die die eigene Verfassung als eine eigene qualifiziert"[53].

Bestehe so auch grundsätzlich stets eine Korrelation zwischen organischer Zurechnung und rechtlicher Zurechnung, so könnten sich aufgrund der Autonomie beider Rechtsordnungen im Einzelfall doch Abweichungen ergeben, deren theoretische Grundlage entweder die „Angleichung an Organe" oder aber die „Nichtanerkennung von Organen" sein könne.

Eine „Angleichung" liege z. B. in denjenigen Fällen vor, in denen man davon ausgehe, daß eine Willenserklärung, die nicht einem inneren Willen entspreche, gleichwohl ein gültiges Rechtsgeschäft ins Leben rufen könne, nämlich dann, wenn das fehlende Willenselement durch ein anderes Element ersetzt werde, das ausnahmsweise das Rechtsgeschäft zustande bringen könne: die Haftung[54]. Angleichung bedeute aber auch die „Ausdehnung einer für Organe bestimmten Behandlung auf Personen, die diese Eigenschaft nicht haben", so z. B. die Verpflichtung, die Mitglieder einer organisierten Widerstandsbewegung unter bestimmten Voraussetzungen wie Kriegsgefangene zu behandeln, obwohl sie keine militärischen Organe des Staates seien[55]. Der umgekehrte Fall der „Nichtanerkennung von Organen" liege z. B. dem Recht eines Staates zugrunde, bestimmte Personen, die zwar den regulären Streitkräften des Gegners angehörten und sich deshalb als dessen militärische Organe darstellten, gleichwohl unter bestimmten, genau festgelegten Voraussetzungen die Anerkennung des Kombattantenstatus zu versagen[56].

Sowohl die „Angleichung an Organe" als auch die „Nichtanerkennung von Organen" seien rein rechtliche Vorgänge. Beide leiteten ihre Rechtswirkung aus Normen ab, die, obwohl sie die Organisation des Personenverbandes beträfen, sich von den echten Organisationsnormen allein schon deshalb unterschieden, weil sie einer anderen Rechtsordnung angehörten als der des betreffenden Personenverbandes[57]. Sie stellten mit anderen Worten keine *Organisationsnormen,* sondern *Normen über die Organisation* dar, deren Existenz allein anhand derjenigen Rechtsordnung festgestellt werden könne, als deren Rechtssubjekt sich der Personenverband darstelle.

Dabei sei im Bereich des Völkerrechts bei der Feststellung solcher Normen von dem Grundsatz der „Freiheit der Staaten zur Selbstorganisation" auszugehen, denn nur in einer ganz geringen Anzahl von Fällen verpflichte das Völkerrecht die Staaten, ihrer Organisation einen bestimmten Inhalt zu geben; nur in einer ganz geringen Anzahl von Fällen

---

[54] Ebd., 305 f. unter Berufung auf *de Ruggiero/Maroi,* Istituzioni di diritto privato, Vol. I (8 ed., Milano, Messina 1952), 111.
[55] Ebd., 306.
[56] Ebd., 306 f.
[57] Ebd., 307.

2. Kap.: Das Problem der Kompetenz-Kompetenz

enthalte es Normen über die Organisation der Staaten, an die diese ihre verfassungsrechtlichen Organisationsnormen anpassen müßten[58]. Hierbei handele es sich einmal um solche Normen, „die die Voraussetzungen und das Verfahren zur völkerrechtlichen Legitimation bestimmter Organe" — so z. B. der diplomatischen Vertreter — festlegten, zum anderen um solche, „die bestimmte Organe zur Vornahme gewisser völkerrechtlicher Rechtsakte bestimmen", so etwa die militärischen Befehlshaber in Kriegszeiten zum Abschluß gewisser Verträge[59]. Beide Arten von Normen bewirkten, daß „unter den dort festgelegten Voraussetzungen die innerstaatlichen Organisationsnormen im völkerrechtlichen Bereich Beachtung verlieren, und zwar ungeachtet der Tatsache, daß die Organisation eines Staates ausschließlich diejenige ist, die von der staatlichen Verfassung vorgenommen worden ist"[59].

Untersuche man nunmehr unter diesen Gesichtspunkten auch die umstrittene Frage nach der völkerrechtlichen Relevanz der verfassungsrechtlichen Vorschriften zum Abschluß völkerrechtlicher Verträge, so sei zunächst festzustellen, daß die erwähnte Norm über gewisse Abkommen militärischer Befehlshaber in Kriegszeiten die einzige sei, „die das allgemeine Völkerrecht über die Kompetenz bestimmter staatlicher Organe zum Abschluß von Verträgen in bestimmten Materien enthält"[60]. Auf der anderen Seite sei jedoch zu beachten, „daß wesentliche Gewähr für die Erreichung der Ziele, die sich das Völkerrecht bei der Regelung der Beziehungen zwischen den Staaten setzt, der Umstand bietet, daß die Staaten bei der Erfüllung der Pflichten, der Ausübung der Rechte und der Wahrnehmung der Aufgaben, die ihnen als Mitglieder der Rechtsgemeinschaft zukommen, in gutem Glauben handeln"[61], und dieser Gutglaubensgrundsatz wirke sich im Bereich von Rechtshandlungen als Prinzip zum Schutz des Rechtsscheins aus. So könne „je nach den Umständen ein lediglich scheinbarer Wille hinsichtlich seiner völkerrechtlichen Rechtswirkung voll und ganz einem tatsächlich geäußerten Willen angeglichen werden"[61]. Das bedeute mit anderen Worten, daß eine Willenserklärung, die von dem Organ eines Staates einem anderen Staat gegenüber abgegeben worden sei und die für sich allein wegen fehlender verfassungsrechtlicher Kompetenz des handelnden Organs irrelevant wäre, „gleichwohl die gleichen Rechtswirkungen auslösen kann wie ein ordnungsgemäß zustandegekommener Akt, soweit der Staat, an den sie gerichtet ist, sie guten Glaubens als eine nach dem Verfassungsrecht ordnungsgemäß zustandegekommene Erklärung ansehen kann und auch tatsächlich ansieht"[62].

---
[58] Ebd., 307.
[59] Ebd., 308.
[60] Ebd., 311.
[61] Ebd., 312.
[62] Ebd., 312 f. *Contra: Curti Gialdino*, Imputazione, 427 ff.

3. Kapitel

Kritik und Stellungnahme

Die Theorie der rechtlichen Zurechnung hat einen heftigen Widerspruch in der modernen Lehre Italiens ausgelöst. Sie hält in der Tat einer kritischen Nachprüfung nicht stand.

Bereits die grundlegende, allen Stellungnahmen gemeinsame Vorstellung, das Völkerrecht rechne die Willenserklärungen oder Handlungen gewisser natürlicher Personen dem Staat *durch Rechtssatz* als eigene zu, erscheint sowohl unter einem logischen als auch unter einem rechtlichen Gesichtspunkt verfehlt. Unter einem logischen Gesichtspunkt beruht sie auf einer mangelnden Unterscheidung zwischen der Zuordnung einer Tatsache an eine bestimmte Person einerseits und der rechtlichen (Be-)Wertung dieser Tatsache (insbesondere der Bestimmung und der Zuordnung der Rechtsfolgen, die sie auslösen soll) andererseits, unter einem rechtlichen Gesichtspunkt auf einer Verkennung der Funktion des Rechts. Beiden Irrtümern liegt die — durch *Anzilotti*[1] geprägte — Ansicht zugrunde, dem Begriff „Willen" komme (wie im übrigen auch dem Begriff „Handeln") im Bereich des Rechts eine andere Bedeutung zu, als in anderen wissenschaftlichen Disziplinen, denn in rechtlicher Hinsicht sei nicht entscheidend, was tatsächlich gewollt sei, sondern das, was rechtlich als gewollt gelte oder was das Recht einem bestimmten Rechtssubjekt als von ihm gewollt zurechne.

In Wahrheit ist jedoch die Verbindung zwischen einer Tatsache und ihrem Urheber stets ein Umstand, der ausschließlich der materiellen Wirklichkeit angehört und von keinerlei rechtlicher Wertung abhängt, noch von einer solchen geändert werden kann[2]. Eine Tatsache ist eine „eigene" einer bestimmten Person, soweit sie in der materiellen Wirklichkeit mit dieser verbunden ist, und keine wie auch immer geartete Rechtsnorm ist zur Begründung dieser Verbindung erforderlich, noch ist eine solche umgekehrt in der Lage, die in der materiellen Wirklichkeit begründete Verbindung aufzuheben. Damit kann sich auch allein aus der Beobachtung der Wirklichkeit ergeben, ob im Einzelfall eine Verbindung zwischen einer bestimmten Tatsache und einer bestimmten Person besteht, und nur in diesem Rahmen kann auch eine „Zurechnung" von

---

[1] *Anzilotti*, Corso, 222. Vgl. auch oben II. Teil, 1. Kap., Ziff. 2.
[2] Vgl. so auch *Arangio-Ruiz*, Gli enti soggetti, 131 f.; *Biscottini*, Volontà, 13.

3. Kap.: Kritik und Stellungnahme

Tatsachen an Personen erfolgen. Dabei kann der „Zurechnung" — wie *Arangio-Ruiz*[3] zutreffend bemerkt — als rechtstheoretischem Begriff zweierlei Bedeutung zukommen: so kann sie einmal die materielle Verbindung selbst kennzeichnen, die zwischen einer Tatsache und einer bestimmten Person besteht, zum anderen aber auch die Feststellung des Beobachters der Wirklichkeit, daß eine solche Verbindung besteht. Bezeichnet sie so im ersteren Fall ein Element der Wirklichkeit selbst, so kennzeichnet sie im letzteren Fall eine logische Operation, die der Beobachter der Wirklichkeit vollzieht. Macht demnach eine Rechtsnorm das Entstehen gewisser Rechte und Pflichten von dem Bestehen einer Verbindung zwischen einer bestimmten Tatsache und einer bestimmten Person abhängig, so verleiht sie damit einer Tatsache rechtliche Relevanz, deren Existenz nur anhand der Wirklichkeit festgestellt werden kann, eine „Zurechnung" findet nicht etwa im Rahmen der Norm statt, sondern stellt im ersteren Sinne eine Voraussetzung zum Entstehen der normierten Rechte und Pflichten dar und im letzteren Sinne „eine logische Operation des Interpreten zur Feststellung der Existenz dieser Voraussetzung"[4], die zum Entstehen der Rechte und Pflichten führt[5].

Damit unterscheidet sich die Zuordnung von Tatsachen an bestimmte Personen in allen Punkten von der rechtlichen Wertung, d. h. also von der Bestimmung der Rechtsfolgen, die das Recht an bestimmte Tatsachen bindet und der Zuordnung dieser Rechtsfolge an bestimmte Rechtssubjekte. Während erstere ausschließlich dem Bereich der Wirklichkeit angehört, vollzieht sich letztere ausschließlich im Bereich des Rechts. Während sich erstere auf die tatsächliche Verbindung zwischen einer bestimmten Tatsache und einer bestimmten Person bezieht, ist letztere als Ausdruck einer Wertordnung darauf gerichtet, dasjenige Verhalten zu bestimmen, das beim Vorliegen bestimmter Voraussetzungen zur Pflicht gemacht wird, sowie diejenige Person, die diese Verpflichtung trifft[6].

---
[3] *Arangio-Ruiz*, Gli enti soggetti, 132.
[4] *Arangio-Ruiz*, Gli enti Soggetti, 132.
[5] Vgl. hierzu auch *Biscottini*, Volontà, 13.
[6] Es ist nicht auszuschließen, daß die Theorie der rechtlichen Zurechnung letztlich auf einer Fehlinterpretation der These *Kelsens*, dessen Werke in Italien stets große Beachtung gefunden haben und auf den einige Autoren (vgl. z. B. *Anzilotti*, Corso, 221) ausdrücklich hinweisen, beruht, obwohl sie in Wahrheit in ihr keine Stütze findet. (Vgl. *Kelsen*, Hauptprobleme, 57 ff., 73 ff.; *ders.*: Staatslehre, 48 ff., 65 ff.) In der Tat bedeutet für Kelsen die „Zurechnung" nicht die Zuordnung einer Tatsache an ihren Autor oder an eine andere Person, sondern kennzeichnet als rechtstheoretischer Begriff eine (vom Recht begründete) Korrelation zwischen der Tatsache und der Rechtsfolge, oder, um in der Terminologie des Autors zu bleiben, zwischen dem „bedingenden Tatbestand" und der „bedingten Folge, dem Zwangsakt". (Allgemeine Staatslehre, 50; vgl. auch: Hauptprobleme, 71 ff.) Die Zurechnung im Sinne Kelsens ist keinesfalls der Regelungsgegenstand einer besonderen Norm, sondern liegt im Wesen einer jeden Norm als Teil einer „Sollensordnung" und gerade das „Sollen", das nach Kelsen jeder Norm inneliegt, kennzeichnet den

Damit beruht die Theorie der rechtlichen Zurechnung zugleich auf einer Verkennung des Wesens des Rechts, denn dieses „verteilt", wie zutreffend bemerkt wurde[7], an seine Rechtssubjekte nicht Tatsachen, sondern Rechte und Pflichten. Es rechnet nicht etwa bestimmte Tatsachen seinen Rechtssubjekten zu, noch verändert es diese, vielmehr liegt seine typische Funktion darin, daß es seinen Rechtssubjekten diejenigen Rechtsfolgen zuordnet, die es an die Verwirklichung von Tatsachen bindet[8].

Gerade diese unzureichenden Differenzierungen hindern die Theorie der rechtlichen Zurechnung aber auch daran, das Problem einer befriedigenden Lösung zuzuführen, das zu lösen sie sich vorgenommen hatte und das bereits die Organtheorie wie auch die Repräsentationstheorie beschäftigt hatte, nämlich die Frage, auf welche Weise die Staaten am völkerrechtlichen Rechtsverkehr teilnehmen, oder anders ausgedrückt, ob sie die Rechtsfolgen für ein eigenes oder aber für ein fremdes Handeln treffen[9]. In der Tat ist die Zuordnung einer Rechtsfolge für ein rechtsgeschäftliches Handeln an ein bestimmtes Rechtssubjekt nur dann denkbar, wenn entweder diese Tatsache eine eigene des betreffenden Rechtssubjektes ist, wenn also die Handlung und das Subjekt der Zuordnung materiell miteinander verbunden sind, oder aber, ist dies nicht der Fall, liegt also eine eigene Handlung einer anderen Person vor, wenn ein besonderes Rechtsverhältnis zwischen dem Handelnden und dem Subjekt der Zuordnung dieses rechtfertigt. Läßt man einmal den normalen Fall außer acht, in dem die die Rechtsfolgen auslösende Handlung unmittel-

---

rechtstheoretischen Begriff der Zurechnung. Und nur weil die Zurechnung allein den Rechtsnormen eigen ist, weil sie einer normativen Betrachtungsweise und einer „Sollensordnung" angehört und weil sie sich dadurch wesentlich von der Kausalität, die der „Seinswelt" und der „explikativen" Betrachtung angehört, unterscheidet, betont der Autor immer wieder ihren rein normativen Charakter. Erläutert so Kelsen (Hauptprobleme, 73) seine Theorie an dem aus dem römischen Recht entnommenen Beispiel, „daß mit einer hohen Geldstrafe der Eigentümer jenes Hauses zu belegen sei, von dessen Dach ein Gegenstand herabgefallen ist, der beim Herabfallen jemand getötet hat", und fährt er fort, daß, obwohl ohne jeden Zweifel „zwischen der Person des Eigentümers und dem Tod des Passanten kein wie immer gearteter ... kausaler Zusammenhang" bestehe, der Tod des Passanten gleichwohl dem Eigentümer zugerechnet werde, so betont er doch gleichzeitig „bei der Zurechnung fragt es sich niemals, was das Subjekt getan oder unterlassen hat, sondern lediglich, was gesollt war und wer gesollt hat". Trotz der Formulierung „der Tod des Passanten ... (wird) dem Eigentümer zugerechnet" wird somit deutlich, daß es sich dabei in der Vorstellung Kelsens nicht um die Zurechnung einer Tatsache als solcher an eine bestimmte Person handelt, sondern eben um die Verbindung zwischen dem „bedingenden Tatbestand" und der „bedingten Folge, dem Zwangsakt", eine Verbindung, die allein auf der Norm beruht und für die allein die Norm zwei Voraussetzungen aufstellt: das, „was gesollt war", und die Bestimmung dessen, der „gesollt hat".

[7] Vgl. *Arangio-Ruiz*, Gli enti soggetti, 134.
[8] Vgl. so auch *Biscottini*, Volontà, 13.
[9] Vgl. oben II. Teil, 1. Kap. Ziff. 1.

bar und ausschließlich von dem Subjekt der Zuordnung vorgenommen wurde, und betrachtet man den hier allein interessierenden Fall, in dem der physische Urheber der Handlung und das Subjekt der Zuordnung nicht identisch sind, so stellt sich in der ersten Alternative der physische Urheber der Handlung als *materielles Instrument* der direkten Teilnahme des Subjektes der Zuordnung am Rechtsgeschäft dar, in der zweiten Alternative hingegen als *rechtlicher Mittelsmann* der indirekten Teilnahme. Sind im ersteren Fall der physische Urheber der Handlung und das Subjekt der Zuordnung *materiell* miteinander verbunden und ist daher nur ein Rechtssubjekt erforderlich, so sind im zweiten Fall beide *rechtlich* miteinander verbunden und stellen sich notwendigerweise als zwei verschiedene Rechtssubjekte dar[10].

Während die erstgenannte Vorstellung der Organtheorie und die zweitgenannte der Repräsentationstheorie zugrunde liegt, sucht die Theorie der rechtlichen Zurechnung, der die erste Lösung nach der Kritik *Marinonis*[11] und die zweite wegen der fehlenden Völkerrechtssubjektivität der natürlichen Personen unannehmbar erscheinen, einen Mittelweg, der jedoch einer genauen Nachprüfung nicht standhält. Denn ist, wovon die Anhänger der Theorie der rechtlichen Zurechnung in Übereinstimmung mit den Anhängern der Organtheorie ausgehen, der physische Urheber der Handlung *materielles Instrument* des Staates, das der Völkerrechtssubjektivität nicht bedarf, so besteht zwischen ihm und dem Staat eine *materielle* Verbindung, die jede *rechtliche* Zurechnung bereits nach rechtstheoretischen Überlegungen überflüssig macht[12]. Wollte man gleichwohl an der rechtlichen Zurechnung festhalten, so hätte diese die Wirkung, daß das Völkerrecht dem Staat eine Handlung durch Rechtssatz als eigene zurechnet, die materiell bereits seine eigene ist. Ist auf der anderen Seite der physische Urheber der Handlung *rechtlich* mit dem Staat verbunden, so stellt er sich notwendigerweise zugleich als Völkerrechtssubjekt dar[13]. Wollte man gleichwohl an der fehlenden Völkerrechtssubjektivität des handelnden Organs festhalten, so hätte die rechtliche Zurechnung die jedem rechtsdogmatischen Denken widersprechende Wirkung, daß sie eine Rechtstatsache im engeren Sinn (= die Handlung der natürlichen Person, die nicht Völkerrechtssubjekt ist) in eine Rechtshandlung (= die Handlung des Staates) umwandelt.

Der entscheidende Irrtum der Theorie der rechtlichen Zurechnung liegt jedoch in der Annahme, den rechtlichen Charakter, den die Anhänger dieser These der Organisation des Staates im Bereich des Völkerrechts beimessen, mit der fehlenden Völkerrechtssubjektivität der

---
[10] Vgl. hierzu *Arangio-Ruiz*, Gli enti soggetti, 135 f.
[11] Vgl. oben I. Teil, 2. Kap., 1. Abschnitt, Ziff. 3 und II. Teil, 1. Kap., Ziff. 1.
[12] Vgl. so auch *Arangio-Ruiz*, Gli enti soggetti, 343.
[13] Vgl. ausführlich hierzu weiter unten.

natürlichen Personen, von der sie ebenfalls ausgehen, vereinbaren zu können, eine Möglichkeit, die die Gegenüberstellung des Grundsatzes, wonach „die Organisation einer juristischen Person, soweit sie als Rechtssubjekt einer bestimmten Rechtsordnung handelt, ... der gleichen Rechtsordnung zukommt, als deren Rechtssubjekt sie sich betrachtet"[14], zu dem Grundsatz des Selbstorganisationsrechts der Staaten eröffnen soll. In Wahrheit erscheinen aber bereits die beiden angerufenen Prinzipien nicht bedenkenfrei und auch dem Versuch, sie beide miteinander zu vereinbaren, stehen ernsthafte Bedenken entgegen.

Nicht überzeugend erscheint zunächst die Feststellung, daß „die Organisation einer juristischen Person, soweit sie als Rechtssubjekt einer bestimmten Rechtsordnung handelt, ... der gleichen Rechtsordnung zukommt, als deren Rechtssubjekt sie sich betrachtet" und daß dementsprechend auch das Völkerrecht die Organisation der Staaten als Völkerrechtssubjekte vorzunehmen habe, beruht sie doch auf einer unkritischen Gleichstellung der juristischen Personen des innerstaatlichen Rechts mit den Staaten als Rechtssubjekten des Völkerrechts[15] und damit auf einer unkritischen Übernahme von Maximen des innerstaatlichen Rechts in den Bereich des Völkerrechts[16]. Soll auch die Richtigkeit des genannten Grundsatzes für die juristischen Personen des innerstaatlichen Rechts nicht bestritten werden, so fehlt dennoch jeder Nachweis dafür, daß dieser Grundsatz für alle abstrakten Wesenseinheiten gleichermaßen und unabhängig davon gilt, in welcher Rechtsordnung sie bestehen. Denn der angerufene Grundsatz kennzeichnet keinesfalls eine logische Notwendigkeit, und nichts hindert das Völkerrecht etwa daran, die Staaten so als Völkerrechtssubjekte anzuerkennen, wie sie sich ihm gegenüber *tatsächlich* darstellen[17]. Gründe, die für eine Anwendung des fraglichen Prinzips auch im Bereich des Völkerrechts sprächen, sind von den Anhängern der Theorie der rechtlichen Zurechnung jedoch nicht vorgetragen worden. Gegen eine solche Anwendung spricht aber bereits die fehlende Völkerrechtssubjektivität der natürlichen Personen. Denn wäre das Völkerrecht in der Tat befugt, die Organisation der Staaten als Völkerrechtssubjekte vorzunehmen, so würde es durch diese Organisation die natürlichen Personen notwendigerweise zu Völkerrechtssubjekten machen, denn nur diese und nicht etwa der Staat in seiner Gesamtheit — der im übrigen wegen der fehlenden völkerrechtlichen Organisation noch nicht einmal Völkerrechtssubjekt wäre — könnten Adressaten der Organisationsnormen im Sinne der Theorie der rechtlichen Zurechnung

---

[14] *Perassi*, 103.
[15] Wegen einer eingehenden Analyse sowohl der juristischen Person des innerstaatlichen Rechts als auch der Staaten als Rechtssubjekte des Völkerrechts vgl. *Arangio-Ruiz*, Gli enti soggetti, 56 ff., 174 ff.
[16] Vgl. hierzu auch *Biscottini*, Volontà, 5 f.
[17] Vgl. so auch *Arangio-Ruiz*, Gli enti soggetti, 346.

sein[18], da nur sie und nicht der Staat als Organe eingesetzt und mit einer bestimmten Kompetenz betraut werden könnten[19].

Nicht bedenkenfrei ist auch die Annahme, das Völkerrecht gewähre den Staaten das Recht bzw. die Freiheit, sich ihre eigene Organisation zu geben, denn auch hier sind es stets die natürlichen Personen, die sich zu einem Personenverband zusammenschließen und zu einem Personenverband organisieren, der ja gerade erst durch diese Organisation besteht. Daher könnten auch insofern die Adressaten eines entsprechenden vom Völkerrecht gewährten Rechts bzw. einer solchen Freiheit allein die natürlichen Personen und nicht etwa die Staaten sein. Denn diese bestehen jedenfalls erst *nachdem* die natürlichen Personen sie gegründet haben, sie stellen sich damit gerade erst als das Ergebnis oder jedenfalls als ein posterius gegenüber der Organisation dar[20]. Die natürlichen Personen ihrerseits sind aber weder Völkerrechtssubjekte, noch verleiht ihnen das Völkerrecht, das sich nach den eigenen Vorstellungen der hier kritisierten Autoren ausschließlich mit den zwischenstaatlichen Beziehungen befaßt, sonst irgendwelche Fähigkeiten oder Freiheiten, so daß es ihnen auch weder eine *rechtliche* noch eine *faktische* Freiheit[21], sich zu Personenverbänden zu organisieren, gewähren kann[22]. Verleiht aber das Völkerrecht weder den Staaten noch den natürlichen Personen irgendein Recht noch irgendeine Freiheit, sich, bzw. dem geplanten Personenverband, eine Organisation zu geben, so stellt sich die Organisation in seinem Bereich als ein tatsächlicher Vorgang dar, der daher auch nicht in seiner rechtlichen, sondern lediglich in seiner tatsächlichen Struktur gewertet werden kann[23].

Bedenken stehen schließlich auch dem Versuch entgegen, die von den Anhängern der Theorie der rechtlichen Zurechnung angerufenen Prinzipien zur Organisation der Staaten miteinander zu vereinbaren. Denn geht man davon aus, daß die Staaten nach dem Völkerrecht frei sind, sich ihre eigene Organisation zu geben, so bedeutet dies notwendigerweise zugleich, daß sie auch selbst bestimmen können, mit welchen Mitteln und auf welche Weise sie am völkerrechtlichen Rechtsverkehr teilnehmen und dort völkerrechtlich relevante Handlungen vornehmen wollen.

---

[18] Denkbar wären insoweit allenfalls „Normen über die Organisation" im Sinne von *Sperduti*. Jedoch setzt diese Konzeption gerade die alleinige Zuständigkeit des Landesrechts zur Regelung der staatlichen Organisation voraus.

[19] Vgl. so zutreffend *Ferrari Bravo*, 213.

[20] Dies gilt unabhängig davon, ob man die völkerrechtliche Anerkennung als Voraussetzung der Völkerrechtssubjektivität der Staaten ansieht oder nicht, da diese allenfalls ein *zusätzliches* Erfordernis darstellen würde.

[21] So *Balladore Pallieri*, Diritto internazionale, 124. Vgl. auch oben II. Teil, 2. Kap., Fn. 25.

[22] Vgl. so auch *Arangio-Ruiz*, Gli enti soggetti, 345. Siehe ferner hierzu *Sperduti*, 307.

[23] Vgl. ähnlich *Arangio-Ruiz*, Gli enti soggetti, 345.

Eine völkerrechtlich gewährte Freiheit zur Selbstorganisation besteht in Wahrheit nur dann, wenn das Völkerrecht seinerseits die interne Organisation der Staaten auch für seinen Bereich anerkennt, und zwar so, wie sie sich in seinem Bereich darstellt, d. h. also als Tatsache. Stellt sich aber die interne Organisation der Staaten im Bereich des Völkerrechts als eine Tatsache dar, so liegt dort bereits in tatsächlicher Hinsicht ein Handeln des Staates immer dann vor, wenn ein Mitglied des Staates im Rahmen der staatlichen Organisation handelt, und es bleibt lediglich festzustellen, ob diese Handlung völkerrechtlich relevant ist oder nicht[24]. Bei dieser Sachlage gleichzeitig die Existenz einer völkerrechtlichen Norm zu behaupten, die bestimmte, welche Handlungen welcher natürlichen Person dem Staat rechtlich zuzurechnen seien, ist ein Widerspruch in sich selbst[25].

All diese Überlegungen machen zugleich deutlich, daß keines der Argumente, das die Anhänger der Theorie der rechtlichen Zurechnung vortragen, die Ansicht zu stützen vermag, das Völkerrecht müsse als Voraussetzungen der Zurechnung auch notwendigerweise die Organeigenschaft und die Kompetenz staatlicher Stellen rechtlich regeln. Dies gilt auch für die Annahme, das Völkerrecht verweise zur Bestimmung dieser Voraussetzungen der Zurechnung auf die internen Organisations*normen* des Staates. Denn diejenigen Autoren, die von einer solchen Verweisung des Völkerrechts auf die internen Organisationsnormen des Staates ausgehen, qualifizieren diese Bezugnahme auf das Landesrecht selbst als *nicht rezipierende* Verweisung[26] und nehmen damit sogleich ihren Überlegungen zum rechtlichen Charakter der staatlichen Organisation im Bereich des Völkerrechts jegliche Grundlage[27]. Denn eine nicht

---

[24] Dies übersieht auch *Ago*, 415 ff. Denn geht der Autor auch zutreffend davon aus, daß „seul l'Etat lui-même peut, dans son ordre intérieur, établir son organisation et déterminer ses organes", während das Völkerrecht „doit nécessairement présupposer cette organisation intérieure ..., cette qualité d'organe attribuée à certaines personnes" (Ebd., 463), und erkennt er weiter, daß „l'organisation interne de l'Etat et la qualité d'organe qu'y revêtent certaines personnes, ne deviennent pas pour le droit international une organisation et une qualité douées de valeur juridique", sondern daß beide im Gegenteil lediglich „des données de fait (sind), des prémisses matérielles que le droit des gens utilise comme point de repère pour les jugements juridiques qu'il veut effectuer" (Ebd., 464), so zieht er daraus doch nicht die notwendige Schlußfolgerung, daß nämlich bereits und allein diese materielle Beziehung zwischen dem Staat und der handelnden Stelle es rechtfertigt, die Handlungen der letzteren im Bereich des Völkerrechts als Handlungen des Staates anzusehen. Statt dessen bleibt der Autor in der überkommenen Vorstellung verhaftet, das Völkerrecht rechne dem Staat die Handlungen natürlicher Personen durch Rechtssatz als eigene zu und erst diese Zurechnung mache für das Völkerrecht aus der Handlung der natürlichen Person eine Handlung des Staates (vgl. z. B. ebd., 450, 461). Wie *Ago* jedoch auch *Miele*, 90 ff.

[25] Vgl. so auch *Arangio-Ruiz*, Gli enti soggetti, 346.

[26] Vgl. so insbesondere *Perassi*, 106 f. im Anschluß an *Triepel*, 235 ff.

rezipierende Verweisung[28] dient stets nur der Kennzeichnung des Tatbestandes oder einzelner Tatbestandsmerkmale der verweisenden Norm, sie vollzieht sich stets im Rahmen des Tatbestandes und nicht etwa im Rahmen der Rechtsfolge der Norm, sie dient, mit anderen Worten, lediglich der Festlegung der *tatsächlichen* Voraussetzungen, an deren Verwirklichung die verweisende Rechtsordnung selbständig im Rahmen einer von ihr vorzunehmenden rechtlichen Wertung gewisse Rechtsfolgen bindet, nicht hingegen der Bestimmung des normativen Inhalts der betreffenden Norm selbst[29]. Verweist daher das Völkerrecht zur Bestimmung der Voraussetzungen der Zurechnung tatsächlich auf die internen Organisationsnormen des Staates, so stellen diese im Rahmen der völkerrechtlichen Norm als Elemente des Tatbestandes allenfalls Tatsachen dar[30], deren Verwirklichung die Voraussetzung für das Eintreten gewisser Rechtsfolgen bildet, die das Völkerrecht autonom bestimmt. Damit sind aber auch Inhalt und Regelungsgegenstand der verweisenden Norm niemals mit Inhalt und Regelungsgegenstand der Norm, auf die verwiesen wird, identisch[31]. Wollte man demgegenüber mit den betreffenden Autoren gleichwohl davon ausgehen, daß die Willenserklärung oder Handlung einer natürlichen Person dem Staat immer dann durch einen völkerrechtlichen Rechtssatz zugerechnet werde, wenn eine Norm des Landesrechts sie ihm zurechnet, so müßte man damit die Existenz einer völkerrechtlichen Norm behaupten, deren Tatbestand die Tatsache zum Inhalt hätte, daß die betreffende Willenserklärung oder Handlung zurechenbar ist, während die Rechtsfolge diese Zurechnung verfügen würde[32]. Dies widerspräche aber nicht nur dem Wesen der nicht rezipierenden Verweisung, sondern auch jeder rechtlichen Logik.

Nicht zu überzeugen vermag letztlich auch die Ansicht, das Völkerrecht verweise zur Bestimmung der Voraussetzungen der Zurechnung auf die *faktische Organisation* des Staates, um auf diese Weise dem Selbstorganisationsrecht der Staaten Rechnung zu tragen. Denn versteht man unter der faktischen Organisation des Staates dessen Verfassung im materiellen Sinn[33], so sind gegen diese Auffassung die gleichen Einwände vorzubringen, wie gegen die vorstehend untersuchte. Versteht man

---

[27] Anders wäre es hingegen dann, ginge man von einer rezipierenden Verweisung aus, jedoch stieße eine solche Annahme auf andere Schwierigkeiten (vgl. hierzu *Ferrari Bravo*, 219 f.; siehe aber auch *Bernardini*, 336 Fn. 107), deren größte wiederum die fehlende Völkerrechtssubjektivität der natürlichen Personen wäre. Vgl. so auch *Romano*, L'ordinamento giuridico, 158 f.
[28] Vgl. hierzu ausführlich *Bernardini*, 231 ff.
[29] Im gleichen Sinne *Bernardini*, 337.
[30] Vgl. so auch *Arangio-Ruiz*, Gli enti soggetti, 346 f.; siehe ferner *Bernardini*, 335 ff.
[31] Vgl. so zutreffend *Ferrari Bravo*, 220 f.
[32] Vgl. so zutreffend *Arangio-Ruiz*, Gli enti soggetti, 347.
[33] Vgl. hierzu *Bernardini*, 338 ff.

hingegen unter der faktischen Organisation des Staates die tatsächliche Situation innerhalb dieses Staates, die auch zu der Verfassung im materiellen Sinn in Widerspruch stehen kann[34], so ist in Wahrheit eine „Verweisung" auf diese Organisation bereits aus rechtsdogmatischen Gründen ausgeschlossen. Denn eine Verweisung setzt immer eine Bezugnahme auf ein Element einer fremden *Rechtsordnung* voraus, sei es, daß die verweisende Norm von dieser die normative Wertung als solche übernimmt, sei es, daß das Element der fremden Rechtsordnung lediglich zur Ausfüllung des Tatbestands der verweisenden Norm dient. Ist jedoch die faktische Organisation des Staates nicht mit der materiellen Verfassung dieses Staates identisch, so stellt sie in Wahrheit auch für das Landesrecht eine außerrechtliche Tatsache dar, die Bezugnahme des Völkerrechts auf die faktische Organisation kennzeichnet sich damit nicht als eine Verweisung, sondern als eine autonome rechtliche Qualifizierung von Tatsachen von seiten des Völkerrechts. Dies hat aber zur Folge, daß auch die Bestimmung der Voraussetzungen der Zurechnung nicht mehr, wie von dieser Lehre beabsichtigt, auf indirektem Wege, sondern unmittelbar und autonom durch das Völkerrecht erfolgt[35]. Diese Vorstellung trägt jedoch nicht nur dem angerufenen Prinzip des Selbstorganisationsrechts der Staaten in keiner Weise mehr Rechnung, sondern setzt darüber hinaus wiederum notwendigerweise die Völkerrechtssubjektivität der natürlichen Personen voraus.

Ist weiter die innerstaatliche *rechtliche* Beziehung zwischen dem Staat und der handelnden natürlichen Person völkerrechtlich irrelevant und berücksichtigt das Völkerrecht demgegenüber lediglich die *materiellen* Beziehungen zwischen diesen beiden „Personen", so erscheint jede (zusätzliche) rechtliche Zurechnung ausgeschlossen, es sei denn, man wollte annehmen, das Völkerrecht rechne dem Staat eine Willenserklärung oder Handlung durch Rechtssatz als eigene zu, die materiell bereits seine eigene ist[36]. Logischer erscheint demgegenüber die Schlußfolgerung, daß sich die „Zurechnung" ausschließlich im tatsächlichen Bereich vollzieht. Damit läge im Bereich des Völkerrechts bereits eine Willenserklärung oder Handlung *des Staates* vor, und es bliebe lediglich festzustellen, ob diese Willenserklärung oder Handlung völkerrechtlich relevant ist oder nicht und welche Rechtsfolgen das Völkerrecht gegebenenfalls an sie bindet.

---

[34] Vgl. so *Balladore Pallieri*, Diritto internazionale, 127 f.; *Morelli*, 198 f.; *Sereni*, 467 ff.
[35] Vgl. so auch *Ferrari Bravo*, 224; *Bernardini*, 338.
[36] Es ist dieses der entscheidende Einwand, der auch der Theorie von *Sperduti* (vgl. oben II. Teil, 2. Kap., Ziff. 4) entgegenzuhalten ist.

III. TEIL

Die moderne Lehre in Italien — Die Theorie der materiellen Zurechnung

1. Problemstellung

Die Einwände, die der Theorie der rechtlichen Zurechnung entgegenzuhalten waren, fanden letztlich alle ihre Grundlage in der Vorstellung, die Existenz eines völkerrechtlich relevanten staatlichen Handelns und Wollens könne allein das Ergebnis einer rechtlichen Wertung sein, da im physischen Bereich stets eine natürliche Person Urheber dieses Handelns und Wollens sei und da der Staat im natürlichen Sinne nicht willens- und handlungsfähig sei. Es ist diese Ansicht, die die Anhänger dieser These zu dem Ergebnis führte, das Völkerrecht rechne dem Staat die Handlungen natürlicher Personen als eigene zu, und sie ist es, die die Auffassung ermöglichte, erst die Wertung des Völkerrechts mache den Staat willens- und handlungsfähig und damit zu einem möglichen Rechtssubjekt des Völkerrechts, sie führe — sei es auch im Wege der Verweisung — zu einer Organisation der Staaten als Völkerrechtssubjekte. Will man daher den Einwänden, die gegen die genannte Theorie zu erheben sind, begegnen, so bieten sich zwei Lösungsmöglichkeiten an: entweder man verzichtet auf die Konstruktion eines staatlichen Handelns und Wollens und akzeptiert die Tatsachen so, wie sie sich in der Wirklichkeit darstellen, oder aber man sieht das Handeln und Wollen der natürlichen Personen für den Bereich des Völkerrechts als eigene des Staates an, ohne jedoch zur Begründung dieses Ergebnisses auf eine normative Wertung von seiten des Völkerrechts zurückzugreifen. Gilt es im ersteren Fall die Schwierigkeit zu überwinden, daß die natürlichen Personen nicht Völkerrechtssubjekte sind und daher ihr Handeln und Wollen *als solches* vom Völkerrecht nicht in Betracht gezogen werden kann, und gilt es weiter, die Zuordnung der Rechtsfolgen an den Staat ohne den Rückgriff auf ein rechtliches Verhältnis zwischen dem Staat und den für ihn handelnden Stellen zu rechtfertigen, so liegt im letzteren Fall die Schwierigkeit eben darin, die Existenz eines staatlichen Willens aus einer Beobachtung der Wirklichkeit zu begründen, obwohl sie von dieser scheinbar widerlegt wird.

In der Tat sind es diese beiden Lösungsmöglichkeiten — die beide ihre Grundlage bereits in den Ausführungen *Marinonis* haben[1] —, denen die moderne Lehre Italiens ihre Aufmerksamkeit zuwendet. Ihre Ähnlichkeit, ja oftmals sogar ihre Übereinstimmung, rechtfertigt es, sie in einem gemeinsamen Teil darzustellen. Denn will man die Fehler der klassischen Lehre vermeiden, so müssen beide Lösungen zu den gleichen Feststellungen führen, daß nämlich — anders als diese Lehre annimmt — das Völkerrecht keine Normen enthält, die das Problem staatlichen Handelns regeln, daß es nicht die Organisation der Staaten als Völkerrechtssubjekte vornimmt und daß auch eine Bezugnahme auf die Organisationsnormen oder auf die „faktische Organisation" des Staates diesen Regeln im Bereich des Völkerrechts keinen normativen Wert beilegen kann, sondern daß — wie bereits *Marinoni* gelehrt hatte — der Staat und die staatliche Organisation sich im Bereich des Völkerrechts als ein Faktum darstellen und daß die Voraussetzungen für die Zuordnung einer Rechtsfolge an den Staat für ein Handeln, dessen physischer Urheber eine natürliche Person ist, nicht in einer rechtlichen Beziehung zwischen dem Staat und der handelnden Stelle zu suchen, sondern aus den materiellen Gegebenheiten abzuleiten sind. So sind es auch diese Überlegungen, die die Anhänger der modernen Lehre Italiens miteinander verbinden.

2. Die Theorie von Biscottini

Es ist *Biscottini*[2], der als einer der ersten die Gedanken *Marinonis* aufnahm, sie korrigierte[3] und gleichzeitig die gesamte klassische Lehre einer umfassenden Kritik unterzog[4].

Der entscheidende Fehler der klassischen Lehre, so führte der Autor aus, liege bereits in der Fragestellung, die diese ihren Untersuchungen zugrunde lege. Denn statt die eigentliche Ausgangsfrage, unter welchen Voraussetzungen „das Völkerrecht gewisse Tatsachen in Betracht zieht, um seinen Rechtssubjekten die durch seine Rechtsnormen vorgesehenen Rechtsfolgen aufzuerlegen"[5], unvoreingenommen zu untersuchen, habe sie durch ihre Überlegungen zur Personifizierung der abstrakten Wesenseinheiten die betreffenden Tatsachen vorschnell als *eigene* der jeweiligen Rechtssubjekte, denen die Rechtsfolgen auferlegt werden, angesehen und so vorschnell von einem *staatlichen* Handeln und Wollen gesprochen[6]. Daher habe sie sich auch nie bemüht, die besondere Eigenart der frag-

---

[1] Vgl. hierzu oben I. Teil, 1. Kap., 1. Abschnitt, Ziff. 3.
[2] *Biscottini*, Giuseppe, Volontà ed attività dello Stato nell'ordinamento internazionale, RDI XXI (1942), 3 ff.
[3] Vgl. insbesondere ebd., 14 ff.
[4] Vgl. insbesondere ebd., 4 ff.
[5] Ebd., 3.
[6] Ebd., 4.

lichen Tatsachen, an deren Verwirklichung das Recht gewisse Rechtsfolgen binde, zu ermitteln, sondern sei vielmehr von Anfang an zu der Frage gedrängt worden, *inwiefern* sich diese Tatsachen als Handlungen oder Willensakte des Staates darstellen könnten. Diese Frage habe sie schließlich zu dem Problem geführt, „welches diejenigen natürlichen Personen sind, deren Tätigkeiten oder Willensakte als eigene des Staates anzusehen sind"[7], mit der Folge, daß sie die gesamte Problematik stets statt unter einem objektiven Gesichtspunkt ausschließlich unter einem subjektiven Gesichtspunkt betrachtet habe. Denn statt „die Beziehungen zwischen der fraglichen Tatsache und dem Völkerrechtssubjekt" zu untersuchen, habe sie allein „die Beziehungen zwischen den Personen und dem Staat" zum Gegenstand ihrer Betrachtungen gemacht[7]. Gerade in dieser Betrachtungsweise aber, in der Verlagerung der Problematik also auf „die Natur der Beziehungen, die die natürliche Person mit der staatlichen Organisation verbindet", fänden letztlich auch alle Einwände, die dieser Lehre entgegenzuhalten seien, ihre Grundlage[8].

Gehe man hingegen, was allein zutreffend sei, von einer Betrachtung der objektiv gegebenen Tatsachen aus, so zeige sich, daß in Wahrheit Kernpunkt des Problems „die effektive Möglichkeit (sei), daß eine natürliche Person ein gewisses Verhalten ins Leben ruft und daß sich deshalb innerhalb einer bestimmten Kollektivität gewisse Folgen verwirklichen"[9]. Durch diese Fragestellung räume man nicht etwa der Tätigkeit von natürlichen Personen völkerrechtliche Relevanz ein, denn man betrachte lediglich „das effektive Verhalten der zum Staat organisierten Kollektivität, die in Wahrheit der eigentliche Adressat der völkerrechtlichen Normen ist"[9]. Gehe man nämlich davon aus, daß allein die Staaten Völkerrechtssubjekte seien und stelle man fest, daß deren Rechtsordnungen völkerrechtlich irrelevant seien, so bedeute dies genau genommen, „daß Adressaten der völkerrechtlichen Normen Wesenseinheiten sind, die als organisiert vorausgesetzt werden, deren Organisation jedoch nicht als rechtliches Phänomen, sondern als empirisches Faktum in Betracht gezogen wird"[10]. Dies wiederum bedeute, daß „Völkerrechtssubjekt die zum Staat organisierte Kollektivität in ihrer empirischen Erscheinung ist"[11]. Erfordere daher auch jede Tätigkeit der Kollektivität ein menschliches Handeln und Wollen, so werde dieses jedoch nicht als Handeln und Wollen von isolierten einzelnen in Betracht gezogen, sondern „als Wollen und Handeln der einzelnen in ihrer Eigenschaft als

---
[7] Ebd., 5.
[8] Ebd., 17, 5 ff.
[9] Ebd., 17.
[10] Ebd., 17 f.
[11] Ebd., 18.

Mitglieder dieser Kollektivität und als solche gebunden an das Wollen und Handeln der übrigen Mitglieder"[12].

Sei es in diesem Sinne auch grundsätzlich gerechtfertigt, von einem staatlichen Handeln und Wollen zu sprechen, so dürfe dies doch nie vergessen lassen, daß es stets der Mensch sei, der in der äußeren Erscheinungswelt handele, wenn auch bestimmendes Moment seines Tätigwerdens und seines Verhaltens „Vorstellungen und Erfordernisse sind, die sich aus seiner Teilnahme am Leben der Kollektivität ergeben"[12]. Selbst diese Vorstellungen und Erfordernisse seien aber, betrachte man den Staat als „empirische Realität", im hier untersuchten Zusammenhang irrelevant, sie gehörten dem Bereich der *causa* an, und was allein zähle, sei, welche Wirkungen sie auslösten[12]. So sei auch die innerstaatliche Organisation als solche für das Völkerrecht irrelevant, und selbst die innerstaatlichen Organisationsnormen stellten sich im Bereich des Völkerrechts auf der gleichen Stufe dar wie außerrechtliche Regeln, die das menschliche Verhalten beeinflussen könnten. Denn betrachte man eine soziale Gruppe als Einheit und von außerhalb, so sei es unerheblich, ob die Menschen dieser Gruppe zu bestimmten Handlungen durch Normen etwa religiöser oder moralischer Art oder aber durch Rechtsnormen veranlaßt worden seien. Das einzige, was zähle, sei, „daß diese Handlungen vorgenommen werden und daß in dieser Gruppe keine Kräfte vorhanden sind, die der Verwirklichung der praktischen Konsequenzen dieser Handlungen entgegenstehen oder sie verhindern"[13]. Daher könne zur Lösung der Frage, unter welchen Voraussetzungen das Völkerrecht gewisse Tatsachen in Betracht ziehe, um seinen Rechtssubjekten die daraus folgenden Rechtsfolgen aufzuerlegen, auch nicht die Feststellungen dienen, ob die handelnde natürliche Person faktisch der staatlichen Organisation angehöre oder nicht, vielmehr sei allein entscheidend, „welche Wirkungen die Tätigkeit der natürlichen Person hat und ob der Staat will, duldet oder jedenfalls nicht verhindert, daß diese Wirkungen eintreten"[14].

Untersuche man aber die *Wirkungen* der Tätigkeiten von natürlichen Personen, so müsse man zunächst zwischen „Tätigkeiten im engeren Sinne" und „Willensäußerungen" unterscheiden. Denn während sich bei den ersteren die praktischen Konsequenzen der Tätigkeit unmittelbar aus ihrer Vornahme selbst ergäben, habe die Tätigkeit der natürlichen Personen bei den Willensäußerungen im wesentlichen einen „programmatischen Charakter". Die praktischen Konsequenzen folgten nicht mehr unmittelbar aus der Abgabe der Erklärung selbst, sondern verwirklichten sich erst in der Zukunft und machten eine weitere Tätigkeit

---
[12] Ebd., 18.
[13] Ebd., 19.
[14] Ebd., 19.

erforderlich[15]. So könne auch im ersteren Fall jeder, der die „physische Möglichkeit" habe zu handeln, die praktischen Konsequenzen dieser Handlung herbeiführen, ohne daß es irgendwelcher staatlicher Normen bedürfe, die ihn hierzu ermächtigen. Wolle der Staat den Eintritt der praktischen Folgen verhindern, so müsse er bereits die Vornahme der Tätigkeit selbst durch vorbeugende oder unterdrückende Maßnahmen verhindern[16]. Anders sei die Lage hingegen im Bereich der Willensäußerungen. Denn da die praktischen Folgen dieser Tätigkeiten nicht unmittelbar aus der Abgabe der Erklärung selbst folgten, sondern sich erst in der Zukunft verwirklichten, komme den Willensäußerungen eine unterschiedliche Bedeutung je danach zu, ob der Erklärende in der Lage sei, die „programmierten Tätigkeiten" vorzunehmen bzw. vornehmen zu lassen oder nicht. Wolle hier der Staat den Eintritt der praktischen Konsequenzen verhindern, so müsse er nicht die Vornahme der Tätigkeit mit programmatischem Charakter, sondern die Vornahme der programmierten Tätigkeit verhindern[17]. Damit sei aber zugleich das Erreichen der Ziele der programmatischen Handlung stets davon abhängig, daß der Erklärende die Möglichkeit habe, die programmierte spätere Tätigkeit vorzunehmen bzw. vornehmen zu lassen.

Gerade aus diesem Grunde könne auch im allgemeinen „eine Willenserklärung nur dann von einer Rechtsordnung in Betracht gezogen werden, wenn derjenige, der sie abgibt, die *rechtliche Befugnis* hat, die spätere programmierte Tätigkeit vorzunehmen oder vornehmen zu lassen"[18]. Habe man sich also allgemeinhin bei der Beurteilung von Willenserklärungen von Personenverbänden die Frage gestellt, ob die handelnde natürliche Person die rechtliche Befugnis habe, den Willen des betreffenden Personenverbandes zu binden, so gelte es demgegenüber in Wahrheit festzustellen, ob sie die Befugnis habe, die programmierte Tätigkeit für den Personenverband vorzunehmen oder vornehmen zu lassen[19].

Aber selbst diese rechtliche Betrachtungsweise sei in denjenigen Fällen verfehlt, in denen die handelnde natürliche Person nicht Rechtssubjekt derjenigen Rechtsordnung sei, in der die Willenserklärung rechtliche Bedeutung erlange, und sie sei auch dann verfehlt, wenn den internen Organisationsnormen des Verbandes im Bereich dieser Rechtsordnung nicht der Wert von Rechtsnormen zukomme. Gerade dies sei jedoch beim Handeln des Staates als Völkerrechtssubjekt der Fall. Denn das Völkerrecht betrachte die Staaten als empirische und nicht als rechtliche Realität, „und das, was zählt, ist daher nicht, was dessen Rechtsnormen vor-

---
[15] Ebd., 20.
[16] Ebd., 20.
[17] Ebd., 21.
[18] Ebd., 22. Hervorhebungen durch den Verfasser.
[19] Ebd., 22.

schreiben, sondern das, was tatsächlich geschieht"[19]. Daher gelte es hier auch nicht festzustellen, „ob die Einzelperson in der sozialen Gruppe, in der sich der Staat konkretisiert, nach dem internen Recht dieses Staates die rechtliche Befugnis hat", die programmierte Tätigkeit vorzunehmen, „sondern einfacher festzustellen, ob sie die tatsächliche Möglichkeit hat, diese Tätigkeit vorzunehmen oder vornehmen zu lassen"[19]. Habe aber eine natürliche Person „tatsächlich die Möglichkeit, eine bestimmte staatliche Tätigkeit vorzunehmen, oder besser, auszulösen, so wird die Willensäußerung, mit der sie sich gegenüber einem Staat verpflichtet, diese Tätigkeit vorzunehmen oder auszulösen, vom Völkerrecht in Betracht gezogen, das dem Rechtssubjekt, das der natürlichen Person diese Möglichkeit eingeräumt hat, die Verpflichtung auferlegt, dem vereinbarten Verhalten nachzukommen"[20]. Der Zeitpunkt, nach dem zu bestimmen sei, ob die natürliche Person die fragliche Möglichkeit habe oder nicht, sei dabei derjenige, „in dem die Willensäußerung die von der Rechtsordnung festgelegten Rechtswirkungen auslöst"[21].

So gehe das Völkerrecht bei seinen Betrachtungen stets von den Konsequenzen der Tätigkeit der natürlichen Personen aus, „denn deren Verwirklichung folgt nicht aus der natürlichen Möglichkeit des Handelns natürlicher Personen, sondern aus dem Verhalten der sozialen Gruppe, der die natürliche Person angehört. In ihnen (den Konsequenzen) und durch sie verschmelzen das Verhalten der natürlichen Person und das Verhalten der sozialen Gruppe"[22], das das Völkerrecht auch letztlich allein berücksichtige[23]. Danach könnten auch allein die Beziehungen zwischen dem Handeln der natürlichen Person einerseits und dem Verhalten der übrigen Mitglieder des Staates andererseits Elemente einer fehlerfreien Zurechnungslehre bilden[24].

Es ist nur folgerichtig, wenn Biscottini von diesen Grundsätzen ausgehend die Zuständigkeit des Landesrechts zur Bestimmung der Kompetenz staatlicher Stellen zu keinem Zeitpunkt in Zweifel zieht und auch in der Frage nach dem Einfluß der kompetenzbeschränkenden Normen auf die Gültigkeit völkerrechtlicher Verträge keinen Anlaß sieht, diese Zuständigkeit zu bezweifeln.

Denn auch bei der Beurteilung dieser Frage richtet das Völkerrecht nach Biscottini seine Betrachtungen ausschließlich darauf aus festzustellen, ob die handelnde natürliche Person tatsächlich in der Lage ist, die programmierte Tätigkeit vorzunehmen bzw. vornehmen zu lassen[25]. Da

---

[20] Ebd., 22.
[21] Ebd., 23.
[22] Ebd., 24.
[23] Ebd., 29.
[24] Ebd., 25, 27.
[25] Ebd., 42.

die natürliche Person normalerweise diese Möglichkeit nur insoweit habe, als die Verfassung sie ihr zugestehe, könne zwar die Bezugnahme auf das Landesrecht „eine nützliche Hilfe" zur Bestimmung der tatsächlichen Stellung der handelnden Person sein, jedoch komme bei einem Widerspruch zwischen den Rechtsnormen und der tatsächlichen Lage allein der letzteren Bedeutung zu[25].

3. Die Theorie von Ferrari Bravo

Die These *Biscottinis* wurde nahezu vollständig von *Ferrari Bravo* übernommen, der sie weiterentwickelte und zugleich seine Überlegungen wieder deutlich in den Zusammenhang einordnete, in dem die gesamte bisherige Diskussion ihren Ausgang gefunden hatte, nämlich in die Frage nach der Rolle von „Völkerrecht und Landesrecht beim Abschluß völkerrechtlicher Verträge"[26]. Dabei führte eine eingehende und kritische Untersuchung der Lehre innerhalb und außerhalb Italiens[27] sowie der völkerrechtlichen Praxis[28] den Autor zu der Ansicht, daß sich die gesamte Problematik nur dann einer befriedigenden Lösung zuführen lasse, wenn man sich zunächst und unvoreingenommen bemühe, den Regelungsgegenstand der völkerrechtlichen Norm über die Gültigkeit von Staatsverträgen zu definieren[29].

Regelungsgegenstand dieser Norm sei aber allein die Gültigkeit des völkerrechtlichen Vertrages, „genauer, die Gültigkeit des Vertrages in Hinblick auf die Existenz eines auf den Vertragsschluß gerichteten Willens des Staates"[29]. Der auf den Vertragsschluß gerichtete Wille des Staates stelle sich damit als eine der *Voraussetzungen* der Gültigkeit des Vertrages dar und zwar nicht etwa als rechtliche, sondern als *tatsächliche Voraussetzung*. So regele das Völkerrecht auch nicht etwa selbst das Zustandekommen des staatlichen Willens und damit die Kompetenz staatlicher Stelle zum Vertragsschluß, sondern „übernimmt als eine *Tatsache* die Existenz eines staatlichen Willens, der sich gegenüber einem bestimmten Projekt, nämlich dem Text des Vertrages, bereits gebildet hat"[30]. Danach ergebe sich im völkerrechtlichen Bereich auch nicht das abstrakte Problem der Existenz eines staatlichen Willens, *Verträge schlechthin* zu schließen, vielmehr gelte es ganz konkret einen staatlichen Willen zu ermitteln, der darauf gerichtet sei, einen *bestimmten Vertrag* zu schließen, eine Frage, die stets nur unter Berücksichtigung der „mate-

---
[26] *Ferrari Bravo*, Luigi, Diritto internazionale e diritto interno nella stipulazione dei trattati, Pompei 1964.
[27] Ebd., 133 ff.
[28] Ebd., 227 ff.
[29] Ebd., 321.
[30] Ebd., 321. Hervorhebungen im Original.

riellen Charakteristika" des betreffenden Vertrages beantwortet werden könne[31].

Untersuche man aber die Frage der Existenz eines Willens eines Rechtssubjektes, so beziehe man sich zunächst stets auf ein psychologisches Phänomen, denn der Wille als solcher sei stets menschlicher Wille, und er bleibe in materieller Hinsicht auch stets menschlicher Wille[31]. Damit gelte es bei der Frage der Existenz eines staatlichen Willens in Wahrheit auch allein festzustellen, „ob man ein psychologisches Phänomen auf den Staat beziehen kann"[32]. So diene der Begriff „Wille einer juristischen Person" auch nicht etwa der Kennzeichnung eines Willens dieser Person in materieller Hinsicht, sondern vielmehr der Bezeichnung einer „Beziehung, die von einer Rechtsnorm begründet worden ist, die, indem sie den Willen einer oder mehrerer natürlicher Personen zur eigenen Voraussetzung macht, das Entstehen von Rechtsfolgen im Rahmen eines anderen Bereiches", nämlich dem der juristischen Person, bestimme[33]. Die Frage nach dem Willen des Staates als Völkerrechtssubjekt laufe damit auf die Feststellung hinaus, „*auf welche Weise* das Völkerrecht den Willen der für den Staat handelnden natürlichen Personen auf diesen bezieht"[34]. Eine Untersuchung dieser Frage zeige aber, daß das Völkerrecht das Problem des staatlichen Willens in ähnlicher Weise löse wie das innerstaatliche Recht das Problem des Willens einer natürlichen Person[35]. Der einzige Unterschied bestehe darin, daß der Wille der natürlichen Person im Bereich des Völkerrechts „nicht als Wille eines isolierten einzelnen in Betracht gezogen wird, sondern als Wille (eines einzelnen) bezogen auf eine bestimmte soziale Gruppe, nämlich den Staat"[35]. Der Wille der natürlichen Person erlange mit anderen Worten als solcher insofern Bedeutung, als sich die handelnde Person „materiell in die soziale Gruppe, der gegenüber dieser Wille wirken soll, einfügt"[35]. Entscheidend sei dabei jedoch nicht, inwieweit sich die handelnde Person unter einem abstrakten Gesichtspunkt in die Gruppe einfüge, welche abstrakte Stellung sie also im Rahmen dieser Gruppe einnehme, vielmehr bestimme sich das Maß der Integration des einzelnen in die Gruppe ausschließlich nach der „Möglichkeit, die der fragliche Wille *infolge der Stellung des Erklärenden* hat, sich innerhalb der betreffenden sozialen Gruppe zu verwirklichen"[36]. Die Stellung des handelnden einzelnen innerhalb des Personenverbandes sei daher, „da man ihr lediglich *als Mittel zur Beurteilung* einer bestimmten, konkret entfalteten Tätigkeit

---
[31] Ebd., 321.
[32] So in Kritik der Theorie der rechtlichen Zurechnung ebd., 322 Fn. 37.
[33] Ebd., 322.
[34] Ebd., 323. Hervorhebung im Original.
[35] Ebd., 324.
[36] Ebd., 325. Hervorhebung im Original.

3. Die Theorie von Ferrari Bravo

Rechnung trägt", *als solche* irrelevant[37]. Sie lasse sich allenfalls als ein bestimmendes Element zweiten Grades bezeichnen[38].

Dieser Betrachtungsweise lasse sich auch nicht mehr die fehlende Völkerrechtssubjektivität der natürlichen Personen entgegenhalten. Denn werde nach ihr auch ein Element, das mit einer natürlichen Person in Zusammenhang stehe, in den Rahmen des Tatbestandes einer Völkerrechtsnorm aufgenommen, so erlange dieses Element dort doch „sowohl für sich allein als auch in seiner Beziehung zur sozialen Gruppe" lediglich unter einem materiellen Aspekt Bedeutung. „Die materielle Beziehung ist relevant und nicht die rechtliche; der Einzelwille in materieller Hinsicht ist relevant und nicht der Wille in rechtlicher Hinsicht[39]."

Dies schließe jedoch keineswegs eine Bezugnahme auf das Landesrecht aus. Eine solche Bezugnahme „auf die innerstaatlichen Normen, die die erwähnten faktischen Beziehungen im Bereich der staatlichen Rechtsordnung an den Tag legen und insbesondere auch auf die Normen über die Kompetenz zum Vertragsschluß" sei im Gegenteil grundsätzlich und zumeist auch ausschließlich erforderlich, „um das Ausmaß der Integration der natürlichen Person in die zum Staat organisierte Kollektivität" feststellen zu können und um insbesondere auch die Möglichkeit beurteilen zu können, „daß dessen Wollen sich gegenüber dieser Kollektivität realisiert"[39]. Diese Bezugnahme auf das Landesrecht werde jedoch nicht, wie zumeist angenommen, „von der Völkerrechtsnorm, sondern vom Interpreten des Völkerrechts vorgenommen"[40]. Ihr Ziel sei die Feststellung, welche Haltung die innerstaatliche Rechtsordnung gegenüber dem fraglichen Vertrag einnehme. Aus dieser Zielsetzung folge einmal, daß die innerstaatliche Rechtsordnung so zu berücksichtigen sei, wie sie sich *effektiv* darstelle. Zum anderen folge aus ihr aber auch, daß die *gesamte* innerstaatliche Rechtsordnung zu berücksichtigen sei und daß sich die Untersuchung nicht bloß auf die Normen über die Kompetenz zum Vertragsschluß beschränken dürfe[40].

Dies alles bedeute aber nichts anderes, als daß festzustellen sei, welche Aussichten auf Verwirklichung dieser Vertrag nach der innerstaatlichen Rechtsordnung habe. So führe schließlich auch die Untersuchung über den Abschluß völkerrechtlicher Verträge zum eigentlichen Kernproblem dieser Verträge hin, nämlich zum Problem ihrer Ausführung. „Die Vorhersehbarkeit ihrer Ausführung bildet ... in Wahrheit auch unter dem Gesichtspunkt des Vertragsschlusses den Maßstab für ihre Gültigkeit[41]." Die Ausführung eines Vertrages sei normalerweise bereits dann vor-

---
[37] Ebd., 325, Fn. 40. Hervorhebung im Original.
[38] Ebd., 325.
[39] Ebd., 326.
[40] Ebd., 327. Hervorhebung im Original.
[41] Ebd., 328.

hersehbar, wenn die innerstaatlichen Normen über die Kompetenz zum Vertragsschluß gewahrt worden seien. Sei dies jedoch nicht der Fall, so müsse weiter untersucht werden, welche Aussichten auf Ausführung des Vertrages „*in concreto* unter Berücksichtigung der gegenwärtigen Lage des Landesrechts" bestünden[42]. So könnten auch diejenigen innerstaatlichen Normen Bedeutung erlangen, „die nicht institutionell mit dem Phänomen der Verträge verbunden sind, die aber dennoch insofern, als sie zum Zeitpunkt des Inkrafttretens des Vertrages bestehen, die vertragschließenden Organe des Staates in die Lage versetzen, die Erfüllung der entsprechenden Verpflichtungen zu versprechen"[43]. Infolgedessen müsse der Interpret bei der Untersuchung der innerstaatlichen Rechtsordnung möglicherweise „immer mehr in die Tiefe gehen". Er müsse sich möglicherweise, um die gesamte Haltung der zum Staat organisierten Kollektivität beurteilen zu können, immer mehr denjenigen Normen zuwenden, die materiell gesehen nicht derart unmittelbar mit völkerrechtlichen Erscheinungen in Zusammenhang stünden wie die Normen über die Kompetenz zum Vertragsschluß. Damit lasse sich auch letztlich nicht zwischen völkerrechtlich relevanten und völkerrechtlich irrelevanten Normen unterscheiden[44].

Wolle man die Vorhersehbarkeit der Ausführung eines Vertrages beurteilen, so sei es auf der anderen Seite aber auch erforderlich, zuvor den Vertrag selbst zu interpretieren, denn nur so lasse sich der „Umfang der erforderlichen Ausführungsmaßnahmen, die Art der Ausführung, die Dauer der vertraglichen Verpflichtungen usw." ermitteln[44].

All diese Überlegungen zeigten aber zugleich deutlich, daß die Frage der Kompetenz staatlicher Stellen zum Vertragsschluß *als solche* keine Frage des Völkerrechts sei, sondern ausschließlich dem innerstaatlichen Verfassungsrecht angehöre[45]. Das Völkerrecht enthalte sich auch nicht etwa zugunsten des Landesrechts der Regelung der Kompetenzfrage, sondern regele in Wahrheit ein anderes Problem, das mit der Frage nach den zuständigen Stellen zum Abschluß völkerrechtlicher Verträge nur in indirektem Zusammenhang stehe[46].

4. Die Theorie von Quadri

Von einer ähnlichen Konzeption des Staates wie *Biscottini* und *Ferrari Bravo* geht auch *Quadri*[47] aus, der wie diese zu keinem Zeitpunkt bezweifelt, daß allein das Landesrecht die Kompetenz staatlicher Stellen bestim-

---
[42] Ebd., 329. Hervorhebung im Original.
[43] Ebd., 329.
[44] Ebd., 331.
[45] Ebd., 332 f.
[46] Ebd., 334.

men könne, dabei jedoch eher der zweiten der oben geschilderten Lösungsmöglichkeiten[48] zuneigt.

Eine realistische Theorie, so macht der Autor geltend, könne den Staat nur als „soziale Struktur", als „funktionelle Einheit" ansehen, die aus einer Gesamtheit von integrierten Einzelpersonen bestehe, deren jeweiliges Handeln mit dem Handeln der übrigen Mitglieder des Staates koordiniert und durch dieses konditioniert sei[49]. So erlangten die „individuellen und kollektiven Elemente", die den Staat ausmachten, im Bereich des Völkerrechts nie individuelle Bedeutung, sondern lediglich als Organe, „oder, um eine bildhafte Sprache zu benutzen, als Teile einer Maschine, die keine irgendwie geartete Eigenständigkeit und keinerlei Sinn haben, außer in Funktion des ‚Ganzen'"[49]. Anders als die klassische Lehre annehme, sei daher der Staat, der sich heute immer deutlicher als „kollektive Struktur", als eine „Organisation" zeige, ein „reales Phänomen", dessen Wesen darin liege, „daß sich die Handlungen und Willensakte einer Gesamtheit von Einzelpersonen effektiv und konkret als wirkende Einheit im sozialen Gefüge darstellen"[50]. Denn betrachte man die Organe als Elemente der „kollektiven Struktur", so „verschwinde" deren individuelles Sein, und „es bleibt nur noch das kollektive Faktum: der Staat"[50]. Damit ist nach *Quadri* und anders als nach den Thesen *Biscottinis* und *Ferrari Bravos* der Staat *als solcher* auch selbst — quasi im natürlichen Sinne — willens- und handlungsfähig, denn da er mit seinen Organen identisch ist, „will und handelt er durch... seine Organe"[50].

Um jedoch als Organe des Staates Handlungen und Willensakte des Staates vornehmen zu können, sei es auf der anderen Seite aber erforderlich, „daß die Verfassung des Staates ihnen (den Organen, Anm. d. Verf.) diese Möglichkeit gibt"[51]. Der Staat — so führt der Autor insbesondere in Hinblick auf die Kompetenz staatlicher Stellen zum Vertragsschluß aus — habe keinen anderen Willen als den, „der von demjenigen erklärt worden ist, der die entsprechende verfassungsrechtliche Kompetenz hat. Die Willenserklärung eines unzuständigen Organs ist in der Welt der Wirklichkeit(!) nicht Wille des Staates, sondern (Wille) der ihn erklärenden natürlichen Person[52]."

Für das Völkerrecht jedoch stelle die Organeigenschaft ein objektives, historisches Merkmal dar. Sie kennzeichne „ein Phänomen der effektiven Integration einer Einzelperson ... in eine einheitliche, soziale Struk-

---
[47] *Quadri*, Rolando, Diritto internazionale pubblico (5. ed., Napoli 1968), 54 f., 147 ff., 470 ff. Vgl. aber bereits *ders.*: La sudditanza nel diritto internazionale (Padova 1936), 185 ff.
[48] Vgl. oben III. Teil, Ziff. 1.
[49] *Quadri*, Diritto internazionale, 54.
[50] Ebd., 470.
[51] Ebd., 54.
[52] Ebd., 150.

tur"⁵³. Für das Völkerrecht seien „die Existenz des Staates, seine Verfassung, die Elemente, die die souveräne Struktur ausmachen (Organe) ‚vorausgesetzte' Merkmale, und diese (Eigenschaft als) Voraussetzung erfordert eine allgemeine Bezugnahme auf das Kriterium der Effektivität"⁵⁴. Bestehe daher ein Kontrast zwischen der „verfassungsrechtlichen Wirklichkeit (‚lebende' Verfassung)" und der geschriebenen Verfassung oder einer früheren verfassungsrechtlichen Praxis, so berücksichtige das Völkerrecht allein die erstere, „denn hier ist man nicht im Bereich des Normativen, des ‚Sollens', sondern im Bereich des Kausalen, des ‚Seins'"⁵⁵.

5. Die Theorie von Arangio-Ruiz

Einer der heftigsten Kritiker der klassischen Lehre ist schließlich *Arangio-Ruiz*⁵⁶, der sie wie kein anderer Punkt für Punkt einer kritischen Nachprüfung unterzog.

Der grundlegende Fehler der klassischen Lehre, so legte der Autor in seiner ausführlichen Untersuchung dar, liege bereits in der kritiklosen Gleichstellung der Staaten als Völkerrechtssubjekte mit den juristischen Personen als Rechtssubjekten des innerstaatlichen Rechts. Bereits die Vorstellung, die für die juristischen Personen des innerstaatlichen Rechts entwickelten Konzeptionen auf die Staaten als Völkerrechtssubjekte übertragen zu können, müsse sie zwangsläufig zu Ergebnissen führen, die mit der völkerrechtlichen Wirklichkeit sowie mit der fehlenden Völkerrechtssubjektivität der natürlichen Personen nicht zu vereinbaren seien⁵⁷.

In Wahrheit stellten die juristischen Personen als Rechtssubjekte des innerstaatlichen Rechts einerseits und die Staaten als Völkerrechtssubjekte andererseits unterschiedliche Erscheinungen in unterschiedlichen Bereichen des Rechts dar, die daher auch in jeweils eigene juristische Denkkategorien einzuordnen seien⁵⁸. Denn anders als bei den juristischen Personen des innerstaatlichen Rechts, bei denen das „Zentrum der Rechtssubjektivität" stets eine „Schöpfung des Rechts" sei⁵⁹, beschränke sich das Völkerrecht bei der Bestimmung seiner Rechtssubjekte insoweit

---

⁵³ Ebd., 471.
⁵⁴ Ebd., 471. Vgl. auch in bezug auf die Gültigkeit völkerrechtlicher Verträge unter dem Gesichtspunkt der Kompetenz staatlicher Stellen zum Vertragsschluß, ebd., 151.
⁵⁵ Ebd., 471.
⁵⁶ *Arangio-Ruiz*, Gaetano, Gli enti soggetti dell'ordinamento internazionale, Vol. I, Milano 1951.
⁵⁷ Ebd., 25 ff.
⁵⁸ Der Versuch, diese Unterschiede zwischen den juristischen Personen einerseits und den Staaten als Völkerrechtssubjekten andererseits herauszuarbeiten, sowie das Bemühen, letztere in ein eigenes rechtliches System einzuordnen, stellen das eigentliche Anliegen des Autors dar.
⁵⁹ Ebd. 44 ff., 79 ff., 174.

5. Die Theorie von Arangio-Ruiz

darauf, „die Existenz oder den Untergang gewisser realer Wesenseinheiten zur Kenntnis zu nehmen, ohne in irgendeiner Weise deren Entstehen oder Erlöschen zu regeln, sondern lediglich, indem es ihnen die Rechtssubjektivität zuerteilt oder nimmt"[60]. Und anders als bei den juristischen Personen, die auch bei Fehlen jedweder „sozialen Grundlage" als Rechtssubjekte des innerstaatlichen Rechts bestehen könnten und als juristische Wesenseinheiten per definitionem „rechtmäßig" seien[61], setze die Völkerrechtssubjektivität der Staaten stets voraus, daß „eine Gruppe von Einzelpersonen als tatsächlich ... organisiert in Erscheinung tritt", daß also eine „reale organisierte Wesenseinheit" bestehe[62], wobei lediglich entscheidend sei, daß und wie sich die Gruppe tatsächlich organisiert zeige, während die Frage der Rechtmäßigkeit der Gründung der Wesenseinheit für das Völkerrecht irrelevant sei[63]. Stelle sich so das Entstehen oder der Untergang einer juristischen Person als Rechtssubjekt des innerstaatlichen Rechts stets als ein „rechtliches Phänomen" dar[64], so sei für das Völkerrecht das Entstehen oder der Untergang seiner Rechtssubjekte stets eine „historisch-soziale Tatsache" gesehen in ihrer Gesamtheit, „einschließlich des historischen Phänomens der Existenz der (innerstaatlichen) Rechtsordnung als ein Element, das durch seine tatsächliche normative Wirkung die soziale Wirklichkeit, in der das Rechtssubjekt materiell besteht, zementiert und formt"[65]. Das Völkerrecht betrachte damit seine Rechtssubjekte eher in ähnlicher Weise wie das innerstaatliche Recht die natürlichen Personen und erkenne einem Staat, der als historisch-soziale Wirklichkeit entstanden sei, die Rechtssubjektivität in gleicher Weise zu wie das innerstaatliche Recht den lebenden natürlichen Personen[66].

Gerade diese Betrachtungsweise des Völkerrechts verbiete es aber auch, die zum Handeln der juristischen Personen des innerstaatlichen Rechts entwickelten Lehren auf das Handeln der Staaten als Völkerrechtssubjekte zu übertragen[67]. In der Tat seien die juristischen Personen, da sie lediglich „Schöpfungen des Rechts" und keine materiellen Wesenseinheiten seien, selbst nicht willens- und handlungsfähig und daher stets — auch im rechtlichen Sinne — auf Handlungen natürlicher Personen angewiesen. Gerade weil die juristischen Personen keine materiellen Wesenseinheiten seien, könne auch keine *materielle* Verbindung zwischen diesen und den handelnden natürlichen Personen bestehen, die

---
[60] Ebd., 175.
[61] Ebd., 44 ff., 79 ff. (Zitat S. 174).
[62] Ebd., 175 ff. (Zitat S. 175).
[63] Ausführlich ebd., 178 ff.
[64] Ebd., 47 ff., 79 ff., 174.
[65] Ebd., 187 f.
[66] Ebd., 178 f.
[67] Ebd., 320 f.

es rechtfertigen würden, die Handlungen letzterer als Handlungen der juristischen Personen anzusehen, sondern lediglich eine *rechtliche* Verbindung, die in der Tat die Frage nach der Kompetenz dieser Stellen zu einem entscheidenden Problem werden lasse[68].

All dies gelte jedoch nicht für die Staaten als Rechtssubjekte des Völkerrechts. Denn diese seien als „materielle Wesenseinheiten" selbst in der Lage, völkerrechtlich relevante Tätigkeiten vorzunehmen, und sie seien, da den natürlichen Personen die Völkerrechtssubjektivität fehle, auch die einzigen, die hierzu in der Lage seien[69]. So nähmen die Staaten, anders als die juristischen Personen des innerstaatlichen Rechts, die stets die Rechtsfolgen für ein fremdes Handeln treffe, „unmittelbar am völkerrechtlichen Rechtsverkehr teil"[70]. Sie verwirklichen *unmittelbar* den Tatbestand, an den das Recht zu ihren Gunsten oder zu ihren Lasten Rechtsfolgen gebunden habe, dies zwar „durch natürliche Personen, die ihrerseits nicht Rechtssubjekte sind und die an den Personenverband durch eine materielle Beziehung gebunden sind, die in den meisten Fällen mit der, die die handelnde Person an die juristische Person bindet, übereinstimmt, aber nie mit dieser identisch ist"[71]. Da es sich um eine „Gruppe" handele, sei es nur allzu natürlich, daß der Staat „durch" natürliche Personen tätig werde. Jedoch stellten sich diese natürlichen Personen als „materielle Hilfsmittel" des staatlichen Handelns dar[72]. Ihre Tätigkeiten „gehen vollständig in der Gruppe auf und stellen sich daher als Tatsachen der Gruppe verstanden als empirische Einheit dar"[73]. So ergebe sich auch, anders als bei den juristischen Personen, nicht die Frage nach den *rechtlichen* Beziehungen zwischen dem Staat und den für ihn handelnden Stellen — eine Frage, die sich im übrigen schon allein wegen der fehlenden Völkerrechtssubjektivität der natürlichen Personen nicht stellen könne —, sondern allein entscheidend sei die *materielle* Beziehung zwischen diesen beiden Wesen.

Dies werde auch durch den Umstand verdeutlicht, daß das Völkerrecht selbst keine „Mittel und Verfahren" festlege, „durch die die Gruppen am Rechtsverkehr teilnehmen"[74], eine Feststellung, die ihrerseits unter anderem durch die einhellige Auffassung der Literatur bekräftigt werde, „daß diejenige oder diejenigen natürlichen Personen, die tatsächlich die Gewalt ausüben, in rechtsgültiger Weise Verträge ‚für' den Staat ‚abschließen', und zwar selbst dann, wenn die Gewalt, die sie ausüben, eine

---

[68] Vgl. ausführlich zum Handeln der juristischen Personen ebd., 121 ff.
[69] Ebd., 321.
[70] Ebd., 321. Hervorhebung im Original.
[71] Ebd., 321.
[72] Ebd., 359.
[73] Ebd., 321.
[74] Ebd., 322.

5. Die Theorie von Arangio-Ruiz

Usurpation darstellt (qui actu regit)"[75]. Die Tatsache, daß die faktische Regierung oder der Usurpator nach dem von ihnen selbst geschaffenen Recht zum Vertragsschluß befugt seien, führe auch nicht etwa zu deren Legitimierung im völkerrechtlichen Bereich. Denn die Veränderung der staatlichen Organisation stelle „keine Rechtstatsache dar, die irgendeine Änderung im Bereich der Völkerrechtsordnung bewirkt", sondern „eine Tatsache rein historischer Art, die sich im Rahmen der staatlichen Gemeinschaft vollzieht" und auf die das Völkerrecht weder in dem Sinne einwirke, daß es sie verhindere, noch in dem Sinne, daß es das Verfahren dieser Änderung regele[76]. „Den innerstaatlichen Rechtsnormen kommt lediglich eine indikative Bedeutung für eine neue historische Situation zu, nach der eine Gruppe, die in einer bestimmten Weise organisiert war, (nunmehr) in anderer Weise organisiert erscheint[76]." Nicht eine „rechtliche Situation" mache also das Völkerrecht zum Gegenstand seiner Betrachtungen, sondern „allein das Verhältnis der tatsächlichen Oberherrschaft der handelnden Person über die Mitglieder der betreffenden Gemeinschaft, also eine Tatsache"[77].

Treffe aber all dies zu, so folge daraus zugleich, daß auch die kompetenzbeschränkenden Normen des Verfassungsrechts nur als Tatsache gewertet werden könnten, die auf eine konkrete historische Situation hinweisen. Dabei stellten sie sich im Bereich des Völkerrechts auf der gleichen Ebene dar wie alle übrigen Tatsachen und jedes Verhalten, das im Bereich der Gruppe mit dem Vertragsschluß im Zusammenhang stehe, „einschließlich des spezifischen Verhaltens der übrigen Organe sowie der eventuellen — verfassungskonformen oder verfassungswidrigen — Änderung dieser Normen"[77]. Wie die innerstaatliche Rechtsstellung einer Person als Staatsoberhaupt lediglich ein Indiz dafür sei, daß die fragliche Person aufgrund ihrer Macht und aufgrund des Willens der die Gemeinschaft bildenden Mitglieder das oberste Organ der Gruppe sei, „solange sich die tatsächliche Situation nicht ändert", so stelle auch die Existenz innerstaatlicher kompetenzbeschränkender Normen „lediglich ein Indiz für eine historisch bestehende Situation" dar[78]. Als solche würden sie durch „eine Reihe von positiven und negativen Elementen (ergänzt), deren Vorhandensein zur Anerkennung der Gültigkeit eines solchen Vertrages führen kann, der nicht in Übereinstimmung mit dem innerstaatlichen Recht geschlossen worden ist"[79]. Diese Elemente, die als Einzeltatsachen selbständig Beachtung verlangten und denen nicht etwa die Bedeutung zukomme, die Verletzung innerstaatlicher oder völker-

---

[75] Ebd., 324.
[76] Ebd., 324.
[77] Ebd., 325.
[78] Ebd., 326.
[79] Ebd., 326 ff. (Zitat S. 330).

rechtlicher Normen zu heilen, seien „eng an den Gegenstand und die Umstände des jeweiligen Vertragsschlusses sowie an die historisch-politische Situation (...) des Landes gebunden"[80]. So könne die „Fehlerhaftigkeit eines Konsenses durch die einfache Enthaltung der übrigen Organe, sie geltend zu machen, oder durch den Beginn der Ausführung des Vertrages beseitigt werden"[80]. Auf der anderen Seite könne aber auch „eine rasche Reaktion der öffentlichen Meinung oder des Parlamentes zu einem ordnungsgemäß geschlossenen Vertrag eine Situation hervorrufen, nach der das zuständige Organ die völkerrechtlich erklärte Zustimmung zurückziehen muß"[80].

Nach alledem könne man im Bereich des Völkerrechts auch nicht von einer „Kompetenz" zum Vertragsschluß sprechen, es sei denn, man verstehe unter dieser — dann allerdings unpassenden — Bezeichnung „die tatsächliche Situation von Einzelpersonen in bestimmten Stellungen oder Ämtern, oder besser, die Tatsache, daß diese Einzelpersonen in der Lage sind, die Zustimmung der Gruppe zur Begründung einer vertraglichen Bindung in einer bestimmten Materie materiell zum Ausdruck zu bringen"[81]. Die Gesamtheit der Elemente, die zu berücksichtigen seien, lasse sich auch als „lebende Verfassung" bezeichnen. Dieser Begriff kennzeichne sodann jedoch nicht „die Verfassung im materiellen Sinn in *normativer* Funktion, sondern die gesamte historische Lage, die im fraglichen Zeitpunkt die verfassungsrechtlichen Normen bestimmt und von diesen bestimmt wird"[82].

Enthalte aber das Völkerrecht keine irgendwie gearteten Normen zur Organisation der Staaten, sondern stellten sich die Staaten im Bereich des Völkerrechts als historisch-soziale Fakten dar, und seien auch die innerstaatlichen Organisationsnormen *als solche* völkerrechtlich irrelevant, sondern lediglich geeignet, *als Tatsachen* zusammen mit anderen Tatsachen auf eine gegebene historische Situation hinzuweisen, so könne man aus der Sicht des Völkerrechts die Grundlage für ein staatliches Handeln auch nicht — wie es die klassische Lehre versuche — in einer *rechtlichen* Beziehung zwischen der Einzelperson und dem Staat, sondern allein in einer *materiellen* Beziehung zwischen diesen beiden Wesen suchen[83]. Dies wiederum lasse aber nur die Schlußfolgerung zu, daß das Völkerrecht das Problem staatlichen Handelns nicht in gleicher Weise löse wie das innerstaatliche Recht das Problem des Handelns juristischer Personen, sondern eher wie das Problem des Handelns natürlicher Personen[84]. Beide, die natürliche Person einerseits und der Staat als Völ-

---

[80] Ebd., 330.
[81] Ebd., 330.
[82] Ebd., 331. Hervorhebung im Original.
[83] Ebd., 356 ff.
[84] Ebd., 362.

5. Die Theorie von Arangio-Ruiz

kerrechtssubjekt andererseits, würden von der jeweiligen Rechtsordnung als selbst willens- und handlungsfähig angesehen, und für beide bilde das Bestehen einer materiellen Beziehung — zwischen der natürlichen Person und ihren „physisch-psychischen Organen" oder dem Boten im ersteren Fall und zwischen „der Gruppe in ihrer Gesamtheit und jeder für sie handelnden Einzelperson" im letzteren Fall — die erforderliche und ausreichende Grundlage für die Annahme eines des jeweiligen Rechtssubjektes eigenen Handelns und Wollens[85]. Während sich jedoch im ersteren Fall „die Zugehörigkeit der Tatsache zum Rechtssubjekt" in aller Regel als ein „physisch-psychisches Phänomen" darstelle, das in äußeren Handlungen oder Erklärungen des menschlichen Wesens seinen Ausdruck finde, beruhe die „Zugehörigkeit einer Tatsache zu einer Gruppe (auf einer) mehr oder weniger komplexen Beziehung sozialer Art zwischen der Gruppe ... und (normalerweise) den Einzelpersonen, die *für den Bereich des innerstaatlichen Rechts* als Handlungsagenten qualifiziert sind"[86]. Und während im ersteren Fall bei einem Vertragsschluß durch einen Boten die Zugehörigkeit der Willenserklärung zu dem vertragsschließenden Rechtssubjekt bereits „anhand der materiellen Tatsache festgestellt wird, daß dieses dem Boten seine Willenserklärung auf die eine oder die andere Weise anvertraut hat", sei die Feststellung, daß eine bestimmte Tatsache einer bestimmten Gruppe zugehöre, bedeutend schwieriger und erfordere weit umfangreichere Untersuchungen[87]. Keinesfalls bestimme aber das Völkerrecht selbst „die Beziehungen zwischen der individuellen Tatsache oder den verschiedenen ... individuellen Tatsachen und der Gruppe"[88]. Vielmehr ziehe es das „aus der Tatsache der Einzelperson (oder der Einzelpersonen) zuzüglich der Tatsachen oder der Haltung der übrigen Mitglieder der Gruppe gebildete Ganze als (...) *Tatsache* der Gruppe in Betracht[89] und bestimme allein den Wert der Gesamttatsache, an die es Rechtsfolgen zu Lasten oder zugunsten des Rechtssubjektes binde[90]. Denn allein „der Interpret oder der Richter kümmert sich um die Zusammensetzung und die materielle Beziehung, die die einzelnen individuellen oder interindividuellen Tatsachen, die den rechtlichen Tatbestand verwirklichen, miteinander verbinden"[90].

---

[85] Ebd., 360 ff. (Zitat S. 362).
[86] Ebd., 362. Hervorhebung im Original.
[87] Ebd., 362.
[88] Ebd., 363.
[89] Ebd., 363, Fn. 460.
[90] Ebd., 363.

SCHLUSSBEMERKUNGEN

Die Kompetenz-Kompetenz zum Abschluß völkerrechtlicher Verträge

Die Darstellung der Lehre in Deutschland und in Italien hat gezeigt, daß die Frage nach der zuständigen Rechtsordnung zur Bestimmung der Kompetenz staatlicher Stellen zum Vertragsschluß ein Problem ist, das nur durch eine unzulängliche dogmatische Behandlung anderer Fragen entstehen konnte: der Frage nach dem Einfluß der verfassungsrechtlichen Kompetenzvorschriften auf die Gültigkeit völkerrechtlicher Verträge in Deutschland und der nach dem Handeln des Staates im Bereich des Völkerrechts in Italien. Beruht sie im ersteren Falle auf einer (durch die historische Entwicklung bedingten) unzureichenden Abgrenzung und Kennzeichnung des Regelungsgegenstandes von Völkerrecht und Landesrecht im fraglichen Bereich, ja bereits auf einer verfehlten Fragestellung selbst[1], so findet sie im letzteren Fall in einer (durch die Theorie der rechtlichen Zurechnung verursachten) widersprüchlichen Konzeption vom Staat als Völkerrechtssubjekt ihre Grundlage.

In der Tat kann — wie *Ferrari Bravo*[2] zutreffend bemerkt — jede Untersuchung über die Gültigkeit völkerrechtlicher Verträge nur in dem Bemühen ihren Ansatz finden, den Inhalt und Regelungsgegenstand der entsprechenden Völkerrechtsnorm zu bestimmen. Jede andere Fragestellung und insbesondere die präzise Frage nach dem Einfluß der kompetenzbeschränkenden Vorschriften des Verfassungsrechts auf die Gültigkeit völkerrechtlicher Verträge birgt bereits die Gefahr einer Präjudizierung der Ergebnisse in sich, stellt sie doch eine Verbindung zwischen der allgemeinen Kompetenz staatlicher Stellen und der Gültigkeit dieser Verträge her, ohne die Existenz einer solchen Verbindung je nachgewiesen zu haben. Sie stellt einen „logischen Sprung" dar, läßt sie doch von vornherein durch ihre Beschränkung die allgemeine Kompetenz staatlicher Stellen als eine vom Völkerrecht geforderte Voraussetzung für die Gültigkeit von Staatsverträgen erscheinen, ohne sich je zu bemühen, diese Voraussetzungen aus einer Definition der Völkerrechtsnorm abzuleiten.

---

[1] Vgl. oben I. Teil, 1. Kap.
[2] *Ferrari Bravo*, 321. Siehe ferner *Bernardini*, 337.

Bemüht man sich aber um eine Definition der fraglichen Völkerrechtsnorm, so ergibt sich — jedenfalls in rechtsdogmatischer Hinsicht — folgendes:

Voraussetzung für die Gültigkeit völkerrechtlicher Verträge kann allein eine auf den Vertragsschluß gerichtete Willenserklärung der Staaten sein, denn sie allein sind die Vertragspartner, um deren vertragliche Bindung es geht. Sie allein sind Rechtssubjekte des Völkerrechts, und sie allein sind daher in der Lage, völkerrechtlich relevante Rechts*handlungen* vorzunehmen, die die Grundlage für eine *vertragliche* Bindung darstellen können.

Die auf den Vertragsschluß gerichtete Willenserklärung der Staaten stellt damit ein notwendiges Tatbestandsmerkmal der völkerrechtlichen Norm über die Gültigkeit von Staatsverträgen dar, das auch durch kein anderes Tatbestandsmerkmal und insbesondere auch nicht durch eine Willenserklärung einer natürlichen Person ersetzt werden kann. Denn die natürlichen Personen sind keine Rechtssubjekte des Völkerrechts und daher auch nicht in der Lage, völkerrechtlich relevante Rechts*handlungen* vorzunehmen, die etwa im Sinne der Repräsentationstheorie zu einer vertraglichen Bindung der Staaten führen könnten[3]. Die Willenserklärungen der natürlichen Personen sind aber auch nicht etwa geeignet, ein Tatbestandsmerkmal zur Verfügung zu stellen, das im Zusammenhang mit anderen Tatsachen die Grundlage für eine solche Bindung darstellen könnte. Dies jedoch nicht, weil, wie *Marinoni* behauptet[4], dem Völkerrecht die Akte der natürlichen Personen „fremd" seien, denn in Wahrheit hindert das Völkerrecht nichts daran, im Rahmen einer ihm zustehenden Wertung auch solche Akte in Betracht zu ziehen, dann zwar nicht als Rechts*handlungen*, sondern als Rechts*tatsachen* im engeren Sinn, die natürlichen Ereignissen nicht unähnlich sind[5]. Entscheidend ist daher auch vielmehr, daß das Wollen und Handeln natürlicher Personen als Rechtstatsache im engeren Sinn nicht mehr zu einer *vertraglichen*, sondern eher zu einer *haftungsmäßigen* Bindung der Staaten führen würde. Denn der rechtliche Erfolg tritt nicht mehr — wie es für die Verträge kennzeichnend ist — ein, weil er vom Staat gewollt ist, sondern weil sich gewisse Tatsachen verwirklicht haben, an deren Eintritt das Recht zu seinen Gunsten oder zu seinen Lasten gewisse Rechtsfolgen gebunden hat. Diese Unterschiede zu leugnen, bedeutete zugleich eine Aufgabe der gesamten Theorie der völkerrechtlichen Rechtshandlungen[6]. So kann auch die Willenserklärung einer natürlichen

---
[3] Vgl. oben II. Teil, 1. Kap., Ziff. 1.
[4] *Marinoni*, 61 ff.
[5] Vgl. oben S. 44 f.
[6] Vgl. so auch *Bernardini*, 339, Fn. 114, in Kritik der Theorie von Ferrari Bravo.

Person Tatbestandsmerkmal der völkerrechtlichen Norm über die Gültigkeit von Staatsverträgen selbst nicht in dem Sinne sein, daß sie, wie wohl *Biscottini* annimmt[7], zusammen mit anderen Tatbestandsmerkmalen einen staatlichen Willen begründet, der erst seinerseits die vom Recht bestimmte Rechtsfolge auslöst, so daß sich die „Zurechnung" im Rahmen des Tatbestands der Völkerrechtsnorm vollziehen würde. Denn lautet diese Norm, daß die Merkmale A, B und C, die im Zusammenhang gesehen einen staatlichen Willen ergeben, eine bestimmte Rechtsfolge auslösen, so bleibt das Element „staatlicher Wille" in Wahrheit außerhalb des Tatbestands dieser Norm und sind die die betreffenden Rechtsfolgen auslösenden Faktoren in Wahrheit nach wie vor die Elemente A, B und C. Diese Elemente in ihrem Zusammenhang gesehen hingegen sind Ausdruck der *normativen Wertung*, die die Zuordnung einer bestimmten Rechtsfolge an ein bestimmtes Rechtssubjekt rechtfertigen und so gesehen den haftungsmäßigen Charakter der Zuordnung nach dieser Konzeption geradezu bestätigen.

Hält man demgegenüber am System völkerrechtlicher Rechtshandlungen fest, so ist genau die umgekehrte Betrachtungsweise die allein zutreffende: d. h., einzig mögliches aber auch ausreichendes Tatbestandsmerkmal der völkerrechtlichen Norm über die Gültigkeit von Staatsverträgen ist eine Willenserklärung *der Staaten*, während alle übrigen Elemente, wie z. B. auch die Erklärung der natürlichen Person, außerhalb des Tatbestandes dieser Norm stehen. Sie können insoweit allenfalls *dem Interpreten der Norm* zur „Ausfüllung" des Tatbestandsmerkmales „staatlicher Wille" dienen, wenn nicht das Völkerrecht selbst — sei es auch im Wege der Verweisung — die Voraussetzungen der Existenz eines staatlichen Willens regelt.

Damit wird die Frage nach der Existenz eines staatlichen Willens als Grundlage eines gültigen Vertrages zum eigentlichen Kernpunkt der Problematik[8]. Denn stellt dieser eine Voraussetzung für die Gültigkeit völkerrechtlicher Verträge dar, so gilt es weiter festzustellen, welche Umstände es gestatten, eine Willenserklärung, deren Urheber im physischen Bereich eine natürliche Person ist, für den Bereich des Völkerrechts als eine Willenserklärung des Staates anzusehen. Diese Frage vermag —

---

[7] Vgl. oben III. Teil, Ziff. 2.

[8] Demgegenüber führt die Fragestellung *Biscottinis*, unter welchen Voraussetzungen das Völkerrecht gewisse *Tatsachen* in Betracht ziehe, „um seinen Rechtssubjekten die durch seine Rechtsnormen vorgesehenen Rechtsfolgen aufzuerlegen" (Volontà, 3), unweigerlich zur Aufnahme eines individuellen Aktes — sei es auch eines Aktes einer Einzelperson in ihrer Eigenschaft als Mitglied der Kollektivität — in den Tatbestand der völkerrechtlichen Norm über die Gültigkeit von Verträgen und damit eher zu einer haftungsmäßigen als zu einer vertraglichen Bindung der Staaten. (Vgl. hierzu weiter unten.) Nicht immer eindeutig auch *Ferrari Bravo*, insbesondere S. 322. Wie hier *Bernardini*, 339, Fn. 114.

wie *Marinoni* überzeugend nachgewiesen hat[9] — auch die Organtheorie nicht befriedigend zu lösen, beruht diese doch auf der unhaltbaren Vorstellung einer materiellen Identität zwischen dem Staat und dem für ihn handelnden „Organ", eine Vorstellung, die von der materiellen Wirklichkeit, aus der sie sich allein ableiten ließe, in Wahrheit widerlegt wird[10].

Sicher ist, daß sich die Frage nach der Existenz eines staatlichen Willens im Bereich des Völkerrechts allein aus dem Völkerrecht beantworten läßt, und ebenso sicher steht fest, daß die Voraussetzung für die Existenz eines solchen Willens als Grundlage eines gültigen Vertrages eine besondere Beziehung zwischen dem Staat und der für ihn handelnden Stelle ist, denn nur eine solche rechtfertigt es, ihm die Rechtsfolgen für ein rechtsgeschäftliches Handeln zuzuordnen[11]. Berücksichtigt man dabei das vorher Gesagte, so kann diese Beziehung jedoch nur *materieller*, nicht hingegen rechtlicher Natur sein. Denn jede rechtliche Beziehung setzt notwendigerweise zwei Rechtssubjekte derjenigen Rechtsordnung voraus, in der der Wille zu wirken bestimmt ist. Nur eine materielle Beziehung würde es — will man nicht der irrige Ansicht folgen, das Völkerrecht rechne dem Staat den Willen einer natürlichen Person *als eigenen* zu — erlauben, weiterhin von einem Willen des Staates zu sprechen[12], und nur sie vermag die Ansicht zu rechtfertigen, der Staat trage die Rechtsfolgen für ein eigenes Tun[13].

Ist aber eine materielle (und nicht eine rechtliche) Beziehung zwischen dem Staat und den für ihn handelnden Stellen Grundlage für die Existenz eines staatlichen Willens, so kann deren Vorhandensein nur aus einer Beobachtung der Wirklichkeit festgestellt werden. Der staatliche Wille ist sodann nicht das Ergebnis einer rechtlichen Wertung, sondern das Ergebnis einer logischen Operation von seiten des Interpreten, der dabei das Ziel verfolgt, die Existenz einer vom Völkerrecht für die Gültigkeit völkerrechtlicher Verträge geforderten Voraussetzung, nämlich die Existenz eines staatlichen Willens, festzustellen. Folgt man aber alledem, so läßt dies nur den Schluß zu, daß — anders als ein Großteil der deutschen Lehre offensichtlich annimmt — die Zuständigkeit des Völkerrechts zur Regelung der Gültigkeit völkerrechtlicher Verträge nicht

---

[9] Vgl. hierzu oben I. Teil, 2. Kap., 1. Abschnitt, Ziff. 3.
[10] Dies ist auch der wesentliche Einwand, der der Theorie von *Quadri* (vgl. oben III. Teil, Ziff. 4) entgegenzuhalten ist.
[11] In der Tat ist in den Fällen rechtsgeschäftlichen Handelns, in denen der physische Urheber der Handlung und das Subjekt der Zuordnung der Rechtsfolge nicht identisch sind, eine Zuordnung dieser Rechtsfolge an ein bestimmtes Rechtssubjekt nur dann denkbar, wenn beide „Personen" materiell miteinander verbunden sind, oder wenn eine besondere rechtliche Beziehung zwischen dem Handelnden und dem Subjekt der Zuordnung dies rechtfertigt. Vgl. ausführlich II. Teil, 3. Kap.
[12] Vgl. hierzu auch *Ferrari Bravo*, 323.
[13] Vgl. zum Vorstehenden ausführlich II. Teil, 3. Kap.

notwendigerweise dessen Zuständigkeit zur Bestimmung der Kompetenz staatlicher Stellen umfaßt. Vielmehr liegt es — jedenfalls unter Zugrundelegung logisch-dogmatischer Erwägungen und unter Berücksichtigung des Vorstehenden — näher, anzunehmen, daß es sich insoweit jeder Regelung der Kompetenzfrage enthält und es dem Interpreten der Norm überläßt, das Vorhandensein eines von ihm geforderten Tatbestandsmerkmales, nämlich die Existenz eines staatlichen Willens, anhand der Wirklichkeit festzustellen[14].

Dies alles schließt aber noch nicht aus, daß das Völkerrecht gleichwohl, auf Grund anderer Umstände zur Bestimmung der Kompetenz staatlicher Stellen berufen ist, so etwa, wie der überwiegende Teil der klassischen Lehre Italiens annimmt, weil es die Aufgabe habe, die Organisation seiner Rechtssubjekte vorzunehmen[15]. In Wahrheit stehen jedoch auch einer solchen Annahme bereits logisch-dogmatische Erwägungen entgegen. Sie ist nicht nur mit der Vorstellung, den natürlichen Personen fehle die Völkerrechtssubjektivität, unvereinbar, sondern beruht vielmehr auch auf einer widersprüchlichen Konzeption vom Staat als Völkerrechtssubjekt.

In der Tat setzt jede autonome Regelung der staatlichen Organisation, d. h. also die Bestimmung der Eignung gewisser natürlicher Personen, dem Staat zurechenbare Handlungen oder Willensakte vorzunehmen (Organeigenschaft) sowie die Festlegung der „Grenzen, innerhalb derer die von diesen vorgenommenen Handlungen oder Willensakte in concreto" dem Staat zugerechnet werden (Kompetenz)[16], notwendigerweise die Völkerrechtssubjektivität derjenigen Personen voraus, die Adressaten der entsprechenden Völkerrechtsnormen sein sollen[17]. Dies könnten jedoch nur die natürlichen Personen, nicht hingegen die Staaten sein. Denn nur die natürlichen Personen und nicht die Staaten, denen im übrigen nach den Anhängern dieser Theorie bis zur Vornahme ihrer Organisation ja noch die Völkerrechtssubjektivität fehlt, könnten als Organe eingesetzt und mit einer bestimmten Kompetenz betraut werden.

Gleiches gilt aber für eine Regelung im Wege einer rezipierenden Verweisung[18], während die Annahme einer nicht rezipierenden Verweisung unter anderem mit dem unlösbaren Widerspruch verbunden wäre,

---

[14] Vgl. zum Vorstehenden ausführlich II. Teil, 3. Kap.
[15] Vgl. hierzu oben II. Teil, 2. Kap.
[16] Vgl. oben II. Teil, 2. Kap., Zitat: *Morelli*, 185.
[17] Daher kann das Völkerrecht allenfalls „Normen über die Organisation" im Sinne *Sperdutis* enthalten, die die Staaten verpflichten, ihren innerstaatlichen Organisationsnormen einen bestimmten Inhalt zu geben. (Vgl. oben II. Teil, 2. Kap., Ziff. 4.) Die Existenz solcher Normen würde aber die Zuständigkeit des Landesrechts zur Vornahme der staatlichen Organisation gerade bestätigen.
[18] Vgl. oben II. Teil, 3. Kap., Fn. 27.

daß dann das Völkerrecht in Wahrheit eine *Regelung* des fraglichen Problems gar nicht enthält[19].

Die Annahme, das Völkerrecht sei zur Regelung der staatlichen Organisation berufen, widerspricht aber auch der eigenen Vorstellung jener Autoren vom Wesen des Staates als Völkerrechtssubjekt. Sie beruht, wie insbesondere *Arangio-Ruiz* eindringlich nachgewiesen hat[20], insoweit auf einer unreflektierten Gleichstellung der Staaten als Völkerrechtssubjekte mit den juristischen Personen als Rechtssubjekten des innerstaatlichen Rechts und damit auf einer ungerechtfertigten „Juridifizierung" der staatlichen Organisation im Bereich des Völkerrechts. Denn geht man mit der nahezu einhelligen Ansicht der Literatur und mit den hier kritisierten Autoren[21] davon aus, daß das Völkerrecht sich jeder Regelung der Entstehung oder des Untergangs der Staaten enthält, ja daß es sich sogar gegenüber jeder Änderung der staatlichen Struktur passiv verhält[22] und daß es im Gegenteil das Bestehen oder die Auflösung gewisser realer Erscheinungen — hier also die Existenz einer zum Staat organisierten sozialen Gruppe — zur Grundlage der Völkerrechtssubjektivität macht[23], berücksichtigt man weiter, daß die innerstaatlichen Organisationsnormen *als solche* völkerrechtlich irrelevant sind, so zeigt sich, daß sich die Staaten als solche im Bereich des Völkerrechts in Wahrheit nicht als rechtliches, sondern als tatsächliches Phänomen darstellen. Anders als die juristische Person im innerstaatlichen Recht ist der Staat im Völkerrecht keine Schöpfung des Rechts, sondern ein tatsächliches Gebilde, nämlich die zum Staat organisierte soziale Gruppe gesehen als Einheit[24]. Betrachtet das Völkerrecht aber den Staat nicht als „Substrat" des Rechts, sondern als Erscheinung der Wirklichkeit, so kann es nicht gleichzeitig Normen enthalten, die seine Organisation vornehmen und die bestimmen, unter welchen Voraussetzungen ein staatlicher Wille vorliegt. Sieht es den Staat als materielle Wesenseinheit an, so ist dieser aus der Sicht des Völkerrechts vielmehr selbst willens- und handlungsfähig, und allein eine materielle Beziehung zwischen dem Staat und den für ihn handelnden Stellen rechtfertigt es, eine Willenserklärung, deren physischer Ur-

---

[19] Vgl. ausführlich zum Vorstehenden II. Teil, 3. Kap.
[20] Vgl. oben III. Teil, Ziff. 5.
[21] Vgl. z. B. *Balladore Pallieri*, Diritto internazionale, 102 ff.; *Morelli*, 119 ff.; *Sereni*, 343 f.
[22] ... solange nur weiterhin die Merkmale einer staatlichen Organisation gegeben sind.
[23] Vgl. so z. B. *Mosler*, Völkerrechtsfähigkeit, 674 ff.; *Seidl-Hohenveldern*, 129 ff.; *Sauer*, Ernst, 72; *Berber*, 227 ff.; *Menzel*, Völkerrecht, 135 ff.; *Monaco*, 156 ff.; *Arangio-Ruiz*, Stati, 145 ff.; *Biscottini*, Sulla formazione, 378 ff.; *Miele*, 65 ff.
[24] Unabhängig davon ist die Frage, ob zur Erlangung der Völkerrechtssubjektivität eines Staates die Anerkennung erforderlich ist oder nicht, da auch die Anerkennung als Völkerrechtssubjekt die tatsächliche Existenz des Staates voraussetzt. Vgl. hierzu z. B. *Schaumann*, 47 ff.

heber eine natürliche Person ist, für den Bereich des Völkerrechts als eine Willenserklärung des Staates anzusehen[25]. Während so im Bereich des Völkerrechts ein staatlicher Wille immer dann vorliegt, wenn sich gewisse Umstände — hier also die Existenz einer materiellen Beziehung zwischen dem Staat und der für ihn handelnden Stelle — verwirklichen, ist es Aufgabe des Interpreten, das Vorhandensein dieser Umstände festzustellen.

Damit führt jedenfalls eine unter rechtsdogmatischen Überlegungen geführte kritische Untersuchung sowohl der von der deutschen Lehre als auch der von der klassischen Lehre Italiens aufgeworfenen Fragen zu den gleichen Ergebnissen: Voraussetzung für die Gültigkeit völkerrechtlicher Verträge ist — stets unter rechtsdogmatischen Erwägungen — allein eine Willenserklärung der Staaten, die vom Völkerrecht als materielle Wesenseinheit als selbst willens- und handlungsfähig angesehen werden. Die Existenz eines staatlichen Willens im Bereich des Völkerrechts ergibt sich dementsprechend auch nicht aus einer rechtlichen Wertung, sondern vielmehr aus einer Beobachtung der Wirklichkeit und ist das Ergebnis einer logische Operation. Daher ist es Aufgabe des Interpreten, das Vorhandensein derjenigen Umstände festzustellen, die auf die Existenz eines staatlichen Willens schließen lassen und die somit erkennen lassen, ob eine vom Völkerrecht für die Gültigkeit völkerrechtlicher Verträge tatbestandlich geforderte Voraussetzung gegeben ist oder nicht.

Dabei hat sich die Untersuchung des Interpreten ausschließlich auf die Frage zu richten, ob zwischen dem Staat und der für ihn handelnden Stelle eine materielle Beziehung besteht, die letztere in die Lage versetzt, „das Einverständnis der Gruppe zur Eingehung einer Bindung in einer bestimmten Materie zu erklären"[26]. Ob dies der Fall ist, beurteilt sich nach der Position, die der Erklärende unter Berücksichtigung des Inhalts der Erklärung[27] innerhalb der Gruppe zum Zeitpunkt der Abgabe der Erklärung inne hat. Diese wiederum bestimmt sich in aller

---

[25] Vgl. hierzu ausführlich II. Teil, 3. Kap.

[26] *Arangio-Ruiz*, Gli enti soggetti, 330. Nicht hingegen kommt es — wie *Biscottini* (vgl. oben III. Teil, Ziff. 2) meint — darauf an, ob der Erklärende die Möglichkeit hat, die programmierte Handlung vorzunehmen oder vornehmen zu lassen, und nicht entscheidend ist entgegen *Ferrari Bravo* (vgl. oben III. Teil, Ziff. 3) auch, ob der erklärte Wille die Möglichkeit hat, sich innerhalb des Staates zu verwirklichen, ob die Ausführung des Vertrages also vorhersehbar ist. Beiden Behauptungen liegt eine ungenügende Unterscheidung zwischen Erklärungshandlung und Erfüllungshandlung zugrunde und beide verschieben damit in unzulässiger Weise die Grenzen zwischen Nichterfüllung und fehlender vertraglicher Bindung. Im gleichen Sinne *Bernardini*, 341, Fn. 115.

[27] Dies gilt unter Berücksichtigung des Nachfolgenden insbesondere in Hinblick auf diejenigen Regelungen, die für bestimmte Verträge die Mitwirkung anderer staatlicher Stellen als des erklärenden „Organs" vorsehen.

Regel nach der Verfassung des betreffenden Staates — hier verstanden als Verfassung im materiellen Sinn —, die damit ein wesentliches Erkenntnismittel für den Interpreten darstellt. Dies jedoch nicht in ihrer normativen Funktion, sondern als Element und Ausdruck einer zum Zeitpunkt der Abgabe der Erklärung gegebenen historischen Situation, aus der allein sich eine materielle Beziehung zwischen dem Staat und dem Erklärenden ableiten läßt.

Folgt man diesen Überlegungen, so läßt all dies nunmehr auch die Frage nach der Kompetenz-Kompetenz zum Abschluß völkerrechtlicher Verträge unproblematisch erscheinen: Zuständig zur Bestimmung der Kompetenz staatlicher Stellen zum Vertragsschluß ist danach allein das Landesrecht, das damit seiner Aufgabe nachkommt, die Organisation der Staatsgewalt vorzunehmen. Das Völkerrecht hingegen wendet sich dieser Frage gar nicht zu und regelt andere Probleme, die im Grunde die Regelung der Kompetenzfrage durch das Landesrecht gerade erst voraussetzen.

Die vorstehenden Ergebnisse beruhen — entsprechend der Zielsetzung der vorliegenden Arbeit — allein auf logisch-dogmatischen Erwägungen. Sie stellen insoweit „Zwischenergebnisse" dar, die noch einer Überprüfung anhand der staatlichen und völkerrechtlichen Praxis bedürfen[28]. Auf der anderen Seite ist jedoch nicht zu verkennen, daß gerade der dogmatische Ansatzpunkt einer Untersuchung in entscheidendem Maße auch deren Ergebnisse prägt. Die Arbeit erhebt nicht den Anspruch, den „objektiv richtigen" dogmatischen Ansatzpunkt für weitere Untersuchungen gefunden zu haben. Sie hat vielmehr ein wesentliches Ziel bereits dann erreicht, wenn es ihr gelungen ist, die deutsche Literatur mit den Konzeptionen der italienischen Autoren vertraut zu machen und dadurch möglicherweise eine neue Diskussion einzuleiten.

Bedeutung erlangt diese Feststellung auch in denjenigen Fällen, in denen ein Abschlußrecht der Regierung einem Abschlußrecht der Minister bei gewissen Verträgen ihres Ressorts gegenübersteht.

[28] In diesem Zusammenhang wird sodann auch die Wiener Konvention zum Vertragsrecht vom 23. Mai 1969 (International Legal Materials 1969, 679 ff.) Bedeutung erlangen: als Ausdruck einer bestimmten Überzeugung vor ihrem Inkrafttreten, als Element der völkerrechtlichen Praxis nach ihrem Inkrafttreten.

Literaturverzeichnis

Ago, Roberto: Le délit international, RecCours Bd. 68, 1939, II, 415 ff.

Anzilotti, Dionisio: Corso di diritto internazionale, Vol. I, in: Opere di Dionisio Anzilotti, Vol. I, Padova 1964 (Deutsche Fassung: Lehrbuch des Völkerrechts, Bd. I, Berlin - Leipzig 1929).
(zit. Corso)

— Volontà e responsabilità nella stipulazione dei trattati internazionali, in: Opere di Dionisio Anzilotti, Vol. II, Tomo 1, Padova 1956, 543 ff.
(zit. Volontà)

— Alcune considerazioni sulla approvazione parlamentare dei trattati la cui esecuzione importa provvedimenti di natura legislativa, in: Opere di Dionisio Anzilotti, Vol. II, Tomo 1, Padova 1956, 587 ff.

Arangio-Ruiz, Gaetano: Gli enti soggetti dell'ordinamento internazionale, Vol. I, Milano 1951.
(zit. Gli enti soggetti)

— Stati e altri enti (Soggettività internazionale), in: Novissimo Digesto Italiano, Vol. XVIII, Torino 1971, 132 ff.
(zit. Stati)

Baldoni, Claudio: Gli organi e gli istituti nelle unioni internazionali, RDI X (1931) 352 ff., 464 ff.

Balladore Pallieri, Giorgio: Diritto internazionale pubblico, 8. ed., Milano 1962.
(zit. Diritto internazionale)

— La formation des traités dans la pratique internationale contemporaine. RecCours Bd. 74, 1949, I, 465 ff.
(zit. La formation)

Berber, Friedrich: Lehrbuch des Völkerrechts, Bd. I, Allgemeines Friedensrecht, 2. Aufl., München 1975.

Bernardini, Aldo: Produzione di norme giuridiche mediante rinvio, Milano 1966.

Biscottini, Giuseppe: Volontà ed attività dello Stato nell'ordinamento internazionale, RDI XXI (1942) 3 ff.
(zit. Volontà)

— Sulla formazione dello Stato, RDI XIX (1940) 378 ff.
(zit. Sulla formazione)

Bittner, Ludwig: Zur Lehre von den völkerrechtlichen Vertragsurkunden, Berlin, Leipzig 1924.

Bluntschli, J. C.: Das moderne Völkerrecht der civilisierten Staaten, o. O., o. J.

Brusa, E.: Das Staatsrecht des Königreichs Italien, Freiburg 1882.

Calvo, Charles: Le droit international, Vol. I, Paris 1868.

Cavaglieri, Arrigo: Gli organi esterni dello Stato e la loro posizione giuridica, Rivista italiana per le scienze giuridiche 1912, 97 ff., 331 ff.

Curti Gialdino, Agostino: Imputazione giuridica e buona fede nella conclusione dei trattati, RDI 43 (1960) 427 ff.
(zit. Imputazione)

— Rimessa in vigore del diritto convenzionale prebellico in base all'art 44 del trattato di pace e norme interne sulla stipulazione degli accordi internazionali, RDI 43 (1960) 124 ff.
(zit. Rimessa)

Donati, Donato: I trattati internazionali nel diritto costituzionale, Roma, Napoli, Milano 1906.

Favilli, Vittorio: Sulla teoria degli organi in diritto internazionale, Pubblicazione dell' Istituto di Diritto Internazionale dell' Università di Trieste, Vol. XIX, 1949.

Fedozzi, Prospero: Introduzione al diritto internazionale e parte generale, 3. ed. rist. in: Trattato di diritto internazionale. Herausgegeben von Prospero Fedozzi und Santi Romano, Vol. I, Padova 1940.

Ferrari Bravo, Luigi: Diritto internazionale e diritto interno nella stipulazione dei trattati, Pompei 1964.

Forsthoff, Ernst: Rechtsgutachten vom 10. Juli 1952, in: Der Kampf um den Wehrbeitrag, Bd. II, 1. Halbband, München 1952, 354 ff.

Geck, Wilhelm Karl: Die völkerrechtlichen Wirkungen verfassungswidriger Verträge. Zugleich ein Beitrag zum Vertragsschluß im Verfassungsrecht der Staatenwelt, Beiträge zum ausländischen öffentlichen Recht und Völkerrecht, Bd. 38, Köln - Berlin 1963.
(zit. Die völkerrechtlichen Wirkungen)

— The Conclusion of Treaties in Violation of the Internal Law of a Party-Comments on Arts. 6 and 43 of the ILC's 1966 Draft Articles on the Law of Treaties, ZaöRV XXVII (1967) 429 ff.
(zit. Conclusion)

Gerber, C. F. von: Grundzüge eines Systems des deutschen Staatenrechts, 2. Aufl., Leipzig 1869.

Gierke, Otto: Deutsches Privatrecht, Bd. I, Allgemeiner Teil und Personenrecht, Leipzig 1895.
(zit. Privatrecht)

— Die Genossenschaftstheorie und die deutsche Rechtsprechung, Berlin 1887.
(zit. Genossenschaftstheorie)

Gneist, Rudolf: Gutachten über die Auslegung des Art. 48 der Verfassungs-Urkunde, wiedergegeben bei Meier: Über den Abschluß von Staatsverträgen, Leipzig 1874, 339 ff.

Grewe, Wilhelm: Die auswärtige Gewalt der Bundesrepublik, VVDStL 12, 1954, 129 ff.

Grotius, Hugo: De iure belli ac pacis, in: Klassiker des Völkerrechts, Bd. I, Tübingen 1950.

Heilborn, Paul: Das System des Völkerrechts entwickelt aus den völkerrechtlichen Begriffen, Berlin 1896.

Heydte, Frhr. F. A. von der: Völkerrecht. Ein Lehrbuch, Bd. I, Köln 1958.

Kelsen, Hans: Hauptprobleme der Staatsrechtslehre entwickelt aus der Lehre vom Rechtssatze, Tübingen 1911.
(zit. Hauptprobleme)

— Allgemeine Staatslehre, Berlin, Heidelberg, New York 1925.
(zit. Staatslehre)

Kipp, Heinrich: Staatslehre, 2. Aufl., Köln 1949.

Klüber, J. L.: Droit des gens moderne de l'Europe, 2e éd., Paris 1874.

Koellreutter, Otto: Staatslehre im Umriß, Göttingen 1955.

Laband, Paul: Das Staatsrecht des Deutschen Reiches, Bd. II, Tübingen 1878.

Liszt, Franz von / *Fleischmann*, Max: Das Völkerrecht, 12. Aufl., Berlin 1925.

Mangoldt, Hermann von / *Klein*, Friedrich: Das Bonner Grundgesetz, Bd. II, 2. Aufl., Berlin und Frankfurt 1964.

Maresca, Adolfo: Il diritto dei trattati, Milano 1971.

Marinoni, Mario: La responsabilità degli Stati per atti dei loro rappresentanti secondo il diritto internazionale, Roma 1914.

Martens, Georg Friedrich von: Précis du droit des gens moderne de l'Europe, Vol. I, Paris 1858.

Maunz, Theodor: Art. 59, in: Maunz-Dürig-Herzog, Kommentar zum Grundgesetz, Bd. II, München 1961.

Meier, Ernst: Über den Abschluß von Staatsverträgen, Leipzig 1874.

Menzel, Eberhard: Art. 59, in: Kommentar zum Bonner Grundgesetz, Hamburg 1950 ff.
(zit. Art. 59)

— Völkerrecht, München, Berlin 1962.
(zit. Völkerrecht)

— Gutachten vom März 1952, in: Der Kampf um den Wehrbeitrag, Bd. II, 1. Halbband, München 1952, 123 ff.
(zit. Gutachten)

Meyer, Georg: Lehrbuch des deutschen Staatsrechts, Leipzig 1878.

Meyer-Lindenberg, Herrmann: Völkerrecht, 3. Aufl., Stuttgart, Düsseldorf o. J.
(zit. Völkerrecht)

— Organe des völkerrechtlichen Verkehrs, in: Strupp-Schlochauer, Wörterbuch des Völkerrechts, Bd. II, Berlin 1961, 668 ff.
(zit. Organe)

Miele, Mario: Principi di diritto internazionale, 2. ed., Padova 1960.

Mohl, Robert von: Encyclopädie der Staatswissenschaften, 2. Aufl., Tübingen 1872.
(zit. Encyclopädie)

— Das deutsche Reichsstaatsrecht, Tübingen 1873.
(zit. Reichsstaatsrecht)

Monaco, Riccardo: Manuale di diritto internazionale pubblico, Torino 1960.

Morelli, Gaetano: Nozioni di diritto internazionale, 6. ed., Padova 1963.

Mosconi, Franco: La formazione dei trattati, Milano 1968.

Mosler, Hermann: Völkerrechtsfähigkeit, in: Strupp-Schlochauer, Wörterbuch des Völkerrechts, Bd. III, Berlin 1962, 665 ff.
(zit. Völkerrechtsfähigkeit)

Mosler, Hermann: Die völkerrechtlichen Wirkungen bundesstaatlicher Verfassungen, in: Festschrift für Richard Thoma, Tübingen 1950, 129 ff.
(zit. Die völkerrechtlichen Wirkungen)

Nippold, Otfried: Der völkerrechtliche Vertrag. Seine Stellung im Rechtssystem und seine Bedeutung für das internationale Recht, Bern 1894.

Olivi, Luigi: Manuale di diritto internazionale pubblico e privato, Milano 1902.

Perassi, Tomaso: Lezioni di diritto internazionale, Parte I, 5. rist., Padova 1958.

Pigorsch, Wolfgang: Die Einordnung völkerrechtlicher Normen in das Recht der Bundesrepublik Deutschland. Eine Studie zu den Art. 25, 59 und 79 des Grundgesetzes für die Bundesrepublik Deutschland vom 23. Mai 1949, Veröffentlichungen des Instituts für internationales Recht an der Universität Kiel, Heft 41, 1959.

Proebst, Max: Der Abschluß völkerrechtlicher Verträge durch das Deutsche Reich und dessen Einzelstaaten, Annalen des Deutschen Reiches 1892, 241 ff.

Quadri, Rolando: Diritto internazionale pubblico, 5. ed., Napoli 1968.
(zit. Diritto internazionale)
— La sudditanza nel diritto internazionale, Padova 1936.
(zit. La sudditanza)

Romano, Santi: Frammenti di un dizionario giuridico, Milano 1947.
(zit. Frammenti)
— L'ordinamento giuridico, 2. ed. rist., Firenze 1951. (Deutsche Fassung: Die Rechtsordnung. Herausgegeben in: Schriften zur Rechtstheorie, Heft 44, Berlin 1975.)
(zit. L'ordinamento giuridico)

Rönne, Ludwig von: Das Staatsrecht der preußischen Monarchie, Bd. I, 4. Aufl., Leipzig 1881.

Sauer, Ernst: Grundlehre des Völkerrechts, 3. Aufl., Köln - Berlin 1955.

Sauer, Wilhelm: System des Völkerrechts, Bonn 1952.

Schaumann, Wilfried: Anerkennung, in: Strupp-Schlochauer, Wörterbuch des Völkerrechts, Bd. I, Berlin 1960, 47 ff.

Schmitz, Ernst: Die Methode des Abschlusses internationaler Verträge nach deutschem Recht, ZaöRV III (1933) 313 ff.

Schoen, P.: Die völkerrechtliche Bedeutung staatsrechtlicher Beschränkungen der Vertretungsbefugnis der Staatsoberhäupter beim Abschluß von Staatsverträgen, Zeitschrift für Völkerrecht und Bundesstaatsrecht 1911, 400 ff.
(zit. Die völkerrechtliche Bedeutung)
— Staatsverträge. — Völkerrechtliche und staatsrechtliche Geltung, in: Strupp, Wörterbuch des Völkerrechts und der Diplomatie, Bd. II, Berlin - Leipzig 1925, 658 ff.
(zit. Staatsverträge)

Schulze-Gaevernitz, Hermann von: Das preußische Staatsrecht, Bd. II, 2. Aufl., Leipzig 1890.

Seidl-Hohenveldern, Ignaz: Völkerrecht, 3. Aufl., Köln, Berlin, Bonn, München 1975.

Sereni, Angelo Piero: Diritto internazionale, Vol. II, Organizzazione internazionale, Sez. 1, Soggetti a carattere territoriale, Milano 1958.

Sperduti, Giuseppe: Rilevanza internazionale delle disposizioni costituzionali sulla stipulazione dei trattati e suoi limiti, in: Scritti di diritto internazionale in onore di Tomaso Perassi, Vol. II, Milano 1957, 301 ff.

Tezner, Friedrich: Zur Lehre von der Giltigkeit der Staatsverträge, Zeitschrift für das Privat- und öffentliche Recht der Gegenwart, 1893, 120 ff.

Triepel, Heinrich: Völkerrecht und Landesrecht, Leipzig 1899.

Unger, Joseph: Über die Gültigkeit von Staatsverträgen, Zeitschrift für das Privat- und öffentliche Recht der Gegenwart 1879, 349 ff.

Vattel, Emer de: Le droit des gens ou principes de la loi naturelle appliqués à la conduite et aux affaires des nations et des souverains, in: Klassiker des Völkerrechts, Bd. III, Tübingen 1959.

Vedovato, Giuseppe: La competenza a stipulare i trattati nella storia delle relazioni internazionali, Firenze 1939 - 47.

Verdross, Alfred: Völkerrecht, 5. Aufl., Wien 1964.

Wigny, Pierre: Droit constitutionnel, Tome I, Bruxelles 1952.

Printed by Libri Plureos GmbH
in Hamburg, Germany